살다보면
살아진다

정운 지음

살다보면

살아진다

정운
지음

민족사

"내 눈에 흙 들어가기 전에는 안 돼."

고등학교를 졸업하자마자, 출가한다고 했을 때 모친이 결사반대했다. 한동안 감금까지는 아니지만 감시 속에 있었다. 그러던 어느 날 밤, 집 근처 슈퍼에 간다고 거짓말을 하고, 줄행랑을 쳤다. 뜻하지 않게 야반도주한 셈이다. 집을 나오면서 가지고 나온 가방이 꽤 무거웠다.

갈아입을 옷 때문에 무거운 게 아니라 평소 아끼던 몇 권의 시집과 좋아하던 에세이집이 들어 있어서다. 그 당시 출가를 꿈꾸며, '시원한 정자에 앉아 한 손으로 부채질을 하며, 책 읽는 신선이 되는 거'라고 생각했다. 실컷 좋아하는 책을 읽을 수 있다는 야무진 꿈이 출가의 원동력이 되었다. 그런데 꿈과 현실은 접점이 이뤄지지 않았고, 영원한 평행선을 달렸다.

출가했을 당시, 절집은 지금 분위기와 달랐다. 종종 책을 보고 있으면, 은사스님이나 어른스님들께서 "중은 경전만 봐야지, 쓰잘 데 없는 책을 봐서도 안 되고, 끄적끄적 글 쓰는 일을 해서는 안 된다."라고 귀에 딱지가 붙을 정도로 말씀하셨다. 이런 말씀에 세뇌가 되어 글 쓰는 일은 꿈에도 생각지 않았고, 역대 큰스님들처럼 공부해야 한다고 스스로를 다짐했다. 세월이 흐르고 출가한 지 20년 만에 첫 에세이집을 출간했고, 그리고 … 또 강산이 두 번 변했다. 어찌해 살다 보니, 여기까지 왔다. 솔직히 글쟁이가 될 줄은 몰랐다.

여하튼 인생에서 가장 선택을 잘한 것은 두 가지다. 첫째는 출가한 것이요, 둘째는 글쟁이가 되어 많은 이들에게 위로를 받는다는 말을 듣는 일이다. 게다가 공부하는 학자로서의 삶을 살고 있으니, 이 세상에 나만큼 행복한 이가 어디 있을 것인가(?)

글쟁이가 된 지 20년, 지구를 몇 바퀴 돌 만큼의 원고를 썼다. 논문집·기행문·명상집·경전 관련 저술·에세이 등등 다양한 책을 출판했다. 신문이나 매체에 원고를 쓰면서 문서포교사로서의 역할을 하고 있다는 생각을 하면 출가해서 밥값을 한 것 같아 그나마 안도의 숨이 쉬어진다. 솔직히 근자에는 부처님 말씀[경전 류나 학문서적]이 아니면, 책 출간이 꺼려졌다[판매 부수가 저조하면, 출판사 측에 미안해서…]. 그래서 에세이집 출간은 생각도 않고 있는데, 민족사 윤창화 대표님과 사기순 주간님의 격려로 이 책이 세상 밖으로 나오게 되었다. 진짜 진짜 감사한 일이다!!

이 책의 원고는 어느 작은 신문에 근 10년간 연재한 것과 불교계 신문에 실렸던 몇 편들을 엄선해 하나로 꿰었다. 이 책에 하나로 관통하는 테마는 선禪 용어와 공안, 그리고 선사들의 평이한 삶 이야기다.

불교가 철학적이고, 수행의 종교라고 하지만, 진리는 질척질척한 중생의 삶 속에 있다. 중생의 삶[色] 속에 진리[空]가 있는 것, 색즉시공 공즉시색이다. 인생에서 좋은 인연과 사랑을 통해 얻는 행복, 삶에서 이것만큼 소중한 것이 어디 있겠는가?! 그런데 우리들은 하늘을 찌르는 아만심으로 상대를 존중해 주지 않고, 삶의 과정이 고귀한 인생인 줄을 모르고 살아간다. 이 책이 우리들이 잊고 있는 소중한 것들을 일깨워 주는 견인차가 되기를 소망한다.

더불어 우리나라를 비롯해 전 세계가 반갑지 않은 손님 때문에 곤혹을 치르고 있다. 살다보면 살아진다. 삶이 힘겨운 분들이 힘을 얻고, 마음에 위로가 되었으면 한다. 수많은 존재들이 고苦를 여의고 행복하기를 발원한다. 나무아미타불.

2021년 매화꽃 만개한 초봄에
북촌불교문화원
지겸 정운 합장

차례

2장 사랑 마당

3장 인연 마당

4장 인생 마당

1장

———

행복 마당

사람과의 관계든 일에 있어서든
반드시 꼭 잘해야 한다는 강박관념을 버리고 쉬어 가자.
너무 용쓰지 말자! 너무 애쓰지 말자!

너무 애쓰지 마라

지독하게 일을 하거나 쉼 없이 일을 하는 경우, 번아웃 (Burnout)이 된다고 한다. '번아웃'이란 다 타버렸다는 뜻인데, 극도의 피로감이 지속됨을 말한다. 사람들은 왜 그렇게까지 되도록 자신을 힘들게 할까?

사람들이 어느 누군가를 칭찬하며, "열심히 산다"고 말할 때, 그 열심히 사는 것이 무엇일까? 과연 누구를 위한 것일까? 물론 집에서 가장이라면 가족을 위해서라고 하겠지만, 솔직히 자신의 명예와 경제 원리가 더 크게 작용했을 성싶다. 무엇보다도 일에 있어서 보통 사람들보다 강한 욕구, 다른 사람보다 '잘한다'는 욕구 심리가 작용하진 않았을까?

열심히 사는 것까지는 좋은데, 다른 사람과 비교하면서 자신을 채찍질하면서 지나치게 열심히 사는 사람들 중에 번아웃이 되는 경우가 부지기수다. 극도의 피로로 번아웃 상태가 돼 버리면 삶의 무기력증, 심리적 장애로 우울감에 빠질 수도 있고, 다양한 건강 문제가 발생한다. 번아웃을 방지하기 위해선 다른 사람과 비교하는 습관을 버리는 게 급선무라고 본다. 엄밀히 따져 번아웃이 될 정도로 일을 추구하다 보면, 그 힘들게 일해서 쌓았던 성과가 오히려 퇴보되어 손해를 보게 된다. 그래서 거북이나 달팽이 걸음으로 살라는 말이 회자되는 이유가 있을 게다. 자! 그러니 … 너무 힘들게 살지 말자. 다른 말로 표현해 너무 애쓰지 말자는 거다.

한 승려가 조주(778~897) 선사에게 물었다.
"제가 어떻게 하면 깨달을 수 있을까요?"
"힘을 쓰지 말라."
"힘쓰지 않는다면, 어떻게 깨달음을 얻습니까?"
"힘을 쓰는 것, 그 자체가 곧 어긋난 일이지."

조주 선사의 '힘 쓰지 말라'는 말은 수행하지 말라는 뜻이 아니다. 너무 힘을 써서 몰아붙이면, 병[상기병 등 병을 얻는 경우도 있음]을 얻을 수도 있고, 오히려 깨달음은 더욱더 멀어진다. 이미 본성[불성·자성]을 충분히 갖추고 있으니, 자연스럽게 해 나가다 보면 자신이 원하는 경지를 얻을 수 있는 것이다.

스님들이 단체로 살아가는 사찰에서는 각자 맡은 바 소임에 따라 일을 분담해서 한다. 원하는 일이든 원하지 않는 일이든 누구나 돌아가면서 소임을 살아야 한다. 필자는 절에 들어와서 어른들에게 "너무 용 쓰지 말라."는 말을 자주 들었다. 곧 너무 애쓰지 말라는 뜻인데, 자연스럽게 주어지는 대로 살아야지 지나치게 잘하려고 하면 오히려 문제가 발생하기 때문이다.

　　그런데 수행이나 일뿐만이 아니다. 사람과의 관계도 그러하다. 지나치게 억지로 다른 사람에게 잘하는 이들이 있다. 구태여 잘하려고 하면 상대에게 무언가 기대를 하고, 자신이 잘한 만큼 상대에게 그 대가를 바라기 마련이다. 그런데 자신이 상대에게 한 만큼 보답이 오는가?! 그렇지 않을게다. 그러다보면 오해를 불러올 수도 있고, 사람 관계가 소원해질 수도 있다. 그러니 사람 사이에도 너무 잘하려 애쓰지 말고 자연스럽게 인연을 이어가는 것이 좋지 않을까 싶다.

　　사람과의 관계든 일에 있어서든 반드시 꼭 잘해야 한다는 강박관념을 버리고 쉬어 가자. 너무 용쓰지 말자! 너무 애쓰지 말자!

고통에 찬 이들이 비일비재하다.
그렇지만 어쩌겠는가?! 그저 살다보면 살아진다고 하지 않는가?!
조금만 버텨보자.

그저 살다보면 살아진다

옛날 인도에 아름다운 여인이 있었다. 그녀의 이름은 빠따짜라(Patacāra)였으며, 그녀의 집안은 매우 부유한 브라만이었다. 그녀에게 사랑하는 사람이 있었는데, 자기 집의 하인이었다. 그는 천민[아웃카스트]의 신분이어서 두 사람이 결혼할 수 있는 사이가 아니었다. 빠따짜라의 부모는 딸의 사정을 모른 채 결혼을 시키려고 수소문해 마침내 그녀에게 정혼자가 정해졌다. 결혼식 전날 밤에 그녀는 하인과 함께 멀리 떨어진 지방으로 도망을 갔다.

이들이 행복한 가정을 이룬 지 1년이 지나 빠따짜라는 임신을 하였다. 그녀는 아기를 낳기 위해 친정으로 가고 싶어 했다. 남편이 허락하지 않자, 그녀는 홀로 친정으로 향했다. 남편이 알고 뒤쫓아 와서 길목에서 만나 실랑이를 하다 길에서 아기를 낳았다. 다시 집으로 돌아가 산 지 몇 년 지나 빠따짜라는 두 번째 아기를 가졌다. 이번에도 그녀는 친정으로 가고자 했으나 남편이 허락하지 않았다. 남편 몰래 그녀는 아들을 데리고 친정으로 향했다. 이번에도 남편은 그녀를 붙잡기 위해 쫓아왔고, 어느 길목에서 아내를 만났는데, 산통이 시작되었다. 남편은 아내가 아이를 낳을 장소를 찾다가 그만 독사에 물려 죽고 말았다. 남편을 기다리다 지친 아내는 나무 밑에서 혼자 아기를 낳았다.

다음날 그녀는 겨우 몸을 일으켜 주변을 돌아보니, 남편이 죽어 있었다. 빠따자라는 자신 때문에 남편이 죽었다며, 통곡했다. 그녀는 간신히 마음을 추스르고, 아이들을 데리고 친정으로 향했다.

고향 어귀에 이르러 강을 건너가야 했다. 그녀는 갓난아기를 강 건너편에 데려다 놓고 다시 와서 큰 아이를 데려가려고 했다. 그런데 이때 큰 독수리가 갓난아기를 낚아채 가버렸다. 놀란 그녀가 당황하며 손을 휘저으며 안 된다고 외쳤는데, 건너편에 있던 큰 아이가 엄마가 부르는 줄 알고 강에 뛰어들어 익사하였다. 그녀는 하루 이틀 사이에 남편과 자식 둘을 잃은 것이다.

슬픔에 젖은 그녀가 겨우 친정에 도착했는데, 폭우로 인해 휩쓸려가 친정 식구들도 많이 죽었다는 것을 알게 되었다.

이 비통한 여인의 이야기는 빨리어『법구경』에 나오는 내용이다.¹ 그녀는 석가모니 부처님과 인연이 되어 출가해 비구니가 되어 큰 깨달음을 얻어 성자가 되었다. 비구니 가운데 계율에 뛰어나 부처님으로부터 '계율 제일 비구니'라고 칭찬받았다.

록그룹 '더 크로스' 보컬 김혁건(39) 씨는 몇 년 전에 교통사고로 사지가 마비되었다. 그는 피나는 재활을 통해 다시 가수 활동을 하고 있다. 지금도 그는 보호자가 옷을 입혀 줘야 하고, 흔한 양치질조차도 20분 넘게 걸리며, 대변도 관장으로 두 시간씩을 써야 한다. 하루에도 그의 생명을 위협하는 일이 다반사라고 한다.

이 글을 읽는 독자 중에 앞의 빠따짜라나 록 가수 김혁건 씨처럼 고통을 겪은 사람이 있는가? 삶의 무게[슬픔]는 결코 가볍지 않다. 사람들은 대체로 자신만 고통스런 일을 당하고, 자신만 불우하게 사는 것으로 생각한다. 대체로 자신에게 불리한 것만 생각하기 때문이다. 하지만 사람은 누구나 슬픔과 이별, 죽음 등 고통을 안고 살아간다. 삶 자체가 즐거움보다 의무로 해야 하는 일들이 더 많다. 특히 여인의 삶을 보면 더욱 그러하다. 결혼해서 자식을 키우고, 자식이 장성해 조금 편안할 때쯤이면 시부모나 친정 부모를 모셔야 하고, 손주를 돌봐 줘야 하는 등 끊임없이 일들이 주어진다. 결코 인생은 녹녹치 않다.

세상 사람들 중에는 어떤 이는 일자리를 잃고, 아르바이트도

못 구해 라면으로 끼니를 때우며, 가겟세를 내지 못해 파산하
고, 아이를 봐줄 사람이 없어 동동거리는 등 고통에 찬 이들이
비일비재하다. 그렇지만 어쩌겠는가?! 그저 살다보면 살아진다
고 하지 않는가?! 조금만 버텨보자.

1 그녀는 비참한 소식에 거의 반미치광이가 되었다. 그녀는 옷이 벗겨지
   는 것도 모른 채 반은 알몸이 되어 거리를 쏘다니며 울부짖었다. 그녀가
   이렇게 옷도 제대로 입지 않고 '천 조각을 걸치고 걷는 여자'라는 뜻에
   서 그녀를 '빠따짜라(Patacāra)'라고 불렀다. 게송 #113, #288, #289은 부
   처님께서 빠따짜라를 위해 설한 법문이며, 〈장로니게〉 #127~132까지는
   빠따짜라가 읊은 깨달음의 게송이 5편이다. 또한 그녀의 제자들이 읊은
   시들도 많이 실려 있다.

문상을 다녀왔는데, 무슨 조화일까?
장례식을 다녀오면 슬프거나 우울해야 하는데,
오히려 파티에 다녀온 기분이다.

인생은 참고 사는 것이 아니라
견디는 것

선애仙崖(1750~1837, 임제종 묘심사妙心寺) 스님은 미술
의 대가였다. 스님은 그림뿐만 아니라 글씨에도 출중해 주변에
서 글씨를 써달라고 청하는 이들이 많았다. 어떤 사람이 스님
을 찾아와 자신 집안에 대대로 남을 가훈 하나를 부탁했다. 스
님은 이렇게 글씨를 써주었다.

아버지가 죽고, 다음 자식이 죽은 뒤에 손자가 죽다.
父死 子死 孫死

그 사람은 글씨를 보고 역정을 내며, 스님에게 말했다.
"아니! 스님, 후손들에게 삶에 지침이 될 만한 좋은 구절을

써달라고 했더니, 이렇게 온통 불길한 구절만 써주시다니요!!"

(스님은 당연하다는 듯) "이보다 더 좋은 구절이 어디 있습니까? 가령 아들이 그대 앞서서 죽는다면 이보다 슬픈 일이 어디 있을 것이며, 그대 손자 또한 그대 앞서서 죽는다면 이보다 슬픈 일이 어디 있겠소! 그대 가족이 내가 써준 대로 순서대로 죽는다면, 이 또한 그대의 복이 될 것이오."

얼마 전에 정각사 광우 스님이 세납 95세로 입적하셨다. 스님은 "떠나는 바람은 집착하지 않는다. 그저 왔다가 갈 뿐"이라는 임종게를 남기셨다. 스님께서는 살아생전 수행도 깊었고, 열심히 정진하시어 후배스님들에게 귀감이 되었다. 문상을 다녀왔는데, 무슨 조화일까? 장례식을 다녀오면 슬프거나 우울해야 하는데, 오히려 파티에 다녀온 기분이다. 일반적으로 연세가 들어 죽는 것을 '호상'이라고 하는데, 스님의 입적이 그러하다. 슬프지 않은 죽음이 어디 있겠는가마는 이생에서의 스님 인생은 완결[入寂: 수행을 잘하고 寂滅 세계에 들어감]이었기 때문이다.

스님 장례식에 다녀온 날, 인터넷을 비롯해 뉴스에 슬픈 내용이 올라왔다. 부산에서 36세 여성이 고독사를 했는데, 죽은 지 40여 일 만에 발견되었다. 공과금이 밀리고 세 달치 집세를 내지 않아 주인이 집에 들어가 보니 죽어 있었던 것이다. 고인의 사인은 정확히 밝혀지지 않았으나 근자에 노년층만이 아닌 젊은 층들도 고독사가 늘고 있다. 이보다 더 심각한 것은 젊은 이들이 삶을 스스로 마감하는 경우가 적지 않다는 점이다.

앞의 이야기처럼, 나이 순서대로 혹 오래 산 순서대로 죽으면 얼마나 좋을까? 죽음을 스스로 선택한 이들의 입장은 충분히 공감한다. 얼마나 힘이 들었으면 그렇게까지 하겠는가?! 승려인 필자도 종종 우울감에 빠지거나 삶의 의미를 잃을 때가 있다. 삶은 즐거움보다 고난이 더 많은 법이다. 하지만… 한번쯤 생각해 보자!

한 사람의 자살은 그 죽은 사람 이외에 주변의 가족 및 지인 중 대략 여섯 명에게 심각한 심리적 우울감을 초래하며, 뒤따라 자살할 위험성이 있다는 연구 결과가 있다. 그대가 자살한다면 부모와 가족은 자신이 죽음을 선택하면서 힘들어한 것보다 더 처절하게 평생을 고통스러워할 것이다. 50세가 넘어 문단에 등단한 고 박완서 소설가가 이런 말을 한 적이 있다.

"인생은 참고 사는 것이 아니라 견디는 것이다."

고인보다 나이 많은 이들은 (설령 인연이 없을지라도) 젊은이의 죽음에 가슴 아파하고 안타까워한다. 인생은 참는 것이 아니라 견디는 것임을 상기하자. 잠깐 아니 한 단계의 힘든 고비를 견디고 나면, '잘 견뎠다'고, 자신을 다독이며 격려할 시간이 반드시 올 것이다.

옛 사람들은 "고통과 괴로움이 그대를 옥으로 만든다."라고 하면서
역경계를 잘 견뎌내라고 하였다.
이 세상의 모든 존재들은 빈부귀천을 떠나 모두 힘들게 살아간다.
그대만이 겪는 고통이 절대 아니다.

소나무와 잣나무의 지조

눈이 내린 뒤에야 비로소
소나무와 잣나무의 지조를 알 수 있고,
일이 어려워야 사람의 마음을 알 수 있다.
雪後知知松松操 事難方見丈夫心

– 『허당록』

일전에 온 가족이 스스로 이 세상을 하직했다. 30대 부
부, 2살·4살 아기가 함께 숨을 거두었다. 남편이 실직을 당했
고, 동시에 부인도 실직이 되면서 생활에 어려움을 겪었다. 그
런데다가 이들에게 7천만 원의 빚이 있었다고 한다. 빚 때문에
당사자들이 헤어날 수 없다고 생각해서인지 동반자살을 한 것

이다. 태어난 지 몇 년도 안 된 아기들은 무슨 죄로 죽어야 하나?!

이런 뉴스를 접할 때마다 죽은 사람들에 대해 안타까움이 앞선다. 또한 '오죽했으면 그들이 그런 선택을 했어야 했나?'라고 동정하게 된다. 하지만 이번 경우는 다르게 보인다. 부부가 아직 젊으니까 노력하면 얼마든지 그 빚을 갚을 수 있는데도 극단적인 선택을 했다는 점이다. 또한 빚을 탕감할 수 있는 장치도 찾아보면 있었을 것이다. 우선 자신들보다 '자식들을 위해 한번쯤 사회에 손을 뻗어보는 노력을 왜 하지 않았는가?'라는 안타까움이 든다.

길 떠나는 주인이 세 명의 하인들에게 똑같이 노잣돈을 주었다. 그리고 몇 년 후에 똑같이 오라고 하였다. 오랜 세월이 지나 하인들이 주인을 찾아왔다[편의상 번호를 붙인다]. ①하인은 그 돈을 몇 배로 불렸고, ②하인은 새로운 시도를 하다가 실패해 오히려 빚을 졌으며, ③하인은 그 돈을 땅에 파묻었다가 다시 그대로 주인에게 돌려주었다. 주인이 ① ② 두 사람에게는 칭찬을 해 주고, ③하인에게는 '게으르고 바보 같은 사람'이라며 꾸짖었다. 곧 도전하지 않고 안주하는 삶이 인생에서 가장 무의미하다는 것이라고 하면서….

어느 누구도 일으켜 주지 않는다. 스스로 일어나야 한다. 실패하더라도 무언가(?)라도 하려는 마음이 중요하다. 된장이 숙성되기 위해서는 옆 가장자리에 곰팡이가 생기고 큼큼한 냄새가 나는 것은 당연한 이치이다. 그런 고통과 역경의 경계들이 있어야 된장이 잘 발효된다. 이 세상을 살면서 사람에게는 끊임없는 고통과 괴로움이 발생하게 되어 있다. 그것이 인생이다.

어떤 사람에게는 경제적인 문제가 발생할 수도 있고, 또 다른 사람에게는 사람과의 문제가 발생할 수도 있으며, 건강상의 문제가 발생할 수도 있다. 왕후장상일지라도 고난은 다 있는 법이다. 설령 자신에게 발생하지 않으면 자식에게 생길 수 있고, 부모에게서 발생할 수도 있다.

그 끊임없는 고통과 괴로움은 언제 일어난다고 예고하지 않는다. 복병처럼 숨어 있다가 불쑥 나타난다. 그렇기 때문에 힘든 것이고, 그렇기 때문에 그런 역경을 이겨낼 마음의 준비를 하고 살아야 한다. 힘든 일이 발생할 때마다 극단의 선택을 한다면 어찌 되겠는가?

부언해서 미안한데, '견디며 사는 것'이 인생이다. 불교에서는 이 세계를 '사바세계娑婆世界'라고 한다. 한문으로 보면, '감인堪忍 세계'라는 뜻인데, 삶이 고통스럽기 때문에 참고 견디면서 살아야 한다는 뜻이다.

글 첫머리에 언급한 소나무와 잣나무는 사시사철 푸르다. 그 푸르름을 간직할 수 있는 것은 그들이 여름의 천둥과 겨울의 눈보라를 견디었기 때문이다. 그런 역경의 시간과 고난의 경계를 감내했기 때문에 늘 푸르게 자신만의 고고함을 간직할 수 있는 것이다. 괴로운 환경에 처하더라도 참고 견디며, 개척하려는 정신으로 극복할 때 비로소 인간의 참된 가치가 드러난다.

옛 사람들은 "고통과 괴로움이 그대를 옥으로 만든다."라고 하면서 역경계를 잘 견뎌내라고 하였다. 이 세상의 모든 존재들은 빈부귀천을 떠나 모두 힘들게 살아간다. 그대만이 겪는 고통이 절대 아니다. 이 세상 모든 존재가 비바람에 견디며 꿋꿋하게 살아가기를 소망한다.

그대가 인생에서 무엇인가 성취코자 한다면,
낙타를 떠올리자. 길고 긴 시간 사막을 횡단하는 낙타가
경거망동하지 않고, 남과 비교해 마음 헐떡이지 않으며,
묵묵히 제 페이스대로 걷는 것처럼,
낙타 캐릭터를 통해 삶의 이정표를 삼는 것,
이 또한 괜찮지 않은가?!

낙타처럼, 소처럼…

부처님 시대나 남방불교 국가에서는 코끼리를 성자에
비견한다. 경전에도 코끼리 비유가 적지 않다. 묵묵히 진심을
다해 제 길을 가기 때문이다.

일반적으로 어떤 일을 완벽하게 처리하는 것을 '철저徹底하
게'라고 한다. 이 '철저'라는 단어는 코끼리가 냇물을 건널 때
냇물 바닥을 딛고 건너는 데서 연유한 말이다. 선사들은 제자
들에게 수행도 이런 코끼리의 캐릭터처럼 실천할 것을 권유한
다. 그런데 북방불교에서는 선사의 이상형이나 수행자의 모델
을 소[牛]에 비유한다. '우행호시牛行虎視'라고 하는데, 걸음은
소걸음처럼 신중하게 느릿느릿 걷고, 정신은 호랑이 눈빛처럼
번득인다는 뜻이다.

불교 경전에는 안 나오지만, 필자는 수행자의 모습이나 보통 사람의 삶을 낙타에 그려보고 싶다. 우연히 어느 지인으로부터 낙타가 달린 열쇠고리를 선물 받았다. 가끔 필자는 '낙타'라는 존재의 캐릭터를 염두에 두어 선물이 반가웠다.

낙타는 3일간 물을 마시지 않아도 견딜 수 있는 동물이다. 등에 있는 혹은 물주머니가 아니고 지방덩어리인데, 사막을 통과할 때 혹 속의 지방을 분해시켜 필요한 수분을 보급받기 때문이다. 1회에 57ℓ의 물을 마신 뒤에 사막을 건너면서 물 한 방울 마시지 않고도 며칠을 견디는 셈이다. 이런 낙타의 캐릭터 때문에 고대로부터 근자에 이르기까지 대상무역에 이용되고, 죽은 뒤에는 식용으로, 털은 옷감으로 사용된다. 낙타의 삶과 죽음은 통째로 인간의 편익을 위해 존재한다.

필자가 주목하는 것은 낙타가 며칠간 물을 먹지 않을 만큼의 생체리듬으로 험한 사막을 묵묵히 걷는다는 점이다. 함부로 달리지 않고 쓸데없이 헐떡이지 않으며 제 페이스대로 묵묵히 간다. 그러면서 그 무거운 짐을 짊어지고도 불만하지 않고, 무던히 참아낸다. 이 얼마나 멋진 동물인가?! 바로 이런 삶이 우리에게도 필요하다고 본다.

'삶[고난의 인생]'이라는 사막을 건널 때, 낙타가 육신의 영양분을 비축했다가 조금씩 활용하며 묵묵히 제 길을 가듯 인간도 정신적 영양분을 비축해 두었다가 힘겨운 일이 닥칠 때 묵묵히 나아가야 한다. 절대 함부로 날뛰거나 자만하지 않고….

조계종 스님들은 법계 품수가 있다. 5급[행자에서 사미계 받음]에서부터 1급[법랍 25년]까지이다. 필자는 몇 년 동안 승가고시에 면접관으로 들어가고 있다. 그런데 간혹 2급[법랍 20년]이나 1급 승가고시 면접 때, 이런 스님들을 만난다.

"죄송합니다. 다른 스님들은 '프로필'에 사회복지나 학력으로 여러 가지를 기재하는데, 저는 시골 작은 절에 살다보니 '수행'란이나 '학력'란에 적을 것이 별로 없습니다."

이런 말을 들을 때마다 그 스님들에게 손사례를 친다. 출가해서 승복을 입고 승려로서 묵묵히 살아준 것만도 감사하다고 말한다. 스님네들의 삶은 실로 만만치 않은 길이다. 승려의 삶이 얼마나 많이 참아야 하고, 견뎌야 할 일이 많은가?!

어느 종교나 마찬가지로 출가자가 급감하고 있다. 큰 원인은 인류 역사의 문화적인 코드가 바뀌어서이다. 수많은 기기 매체가 발달하고 온라인화되다 보니, 사람들이 정신을 쏟을 데가 다양하기 때문이다. 이런 세상에 법랍 20년이 넘도록 출가자로 살아왔다는 것, 그 자체만으로 스님들을 볼 때마다 대견스럽다. 마치 낙타가 사막을 걸을 때 비축해 둔 식량과 인욕으로 묵묵히 걸어왔듯이….

이제는 다른 방향, 보통 사람의 삶으로 전환하자. 그대가 인생에서 무엇인가 성취코자 한다면, 낙타를 떠올리자. 길고 긴 시간 사막을 횡단하는 낙타가 경거망동하지 않고, 남과 비교해

마음 헐떡이지 않으며, 묵묵히 제 페이스대로 걷는 것처럼, 낙
타의 캐릭터를 통해 삶의 이정표를 삼는 것, 이 또한 괜찮지 않
은가?!

흐르는 물은 항상 가득하지 않고, 맹렬한 불길도 계속 타는 것이 아니며,
해는 떴다가 어느덧 지고, 보름달도 찼다 싶으면 금세 기운다.
꽃의 만개도 한 순간이다. 그러니 무엇에 집착해 머물러 있으며,
무엇을 탐하여 인생을 낭비해야 하는가?

내일은 없다

　　10여 년이 넘도록 바쁜 생활의 연속이었다. 봄에 꽃을 보며 생명의 잉태를 감상할 여유가 없었고, 가을 낙엽을 보면서 낭만에 들지도 못했다. 아마 독자님들은 '스님이 왜 그렇게 바쁘게 살까?'라고 생각할지도 모르겠다. 원고 쓰는 일이 늘 나를 기다렸고, 강의가 적지 않았다는 점이 나의 변론이다. 아니 스스로 그런 바쁨을 자초했는지도 모르겠다.

　　올해 3월 말경, 전라도 김제 금산사에서 목련을 본 뒤에 고창 선운사에서 동백꽃을 보았다. 마침 만개한 꽃이 아니라 한창 봉오리로 여물어가고 있는 꽃이었다. 그 꽃봉오리를 보면서 이런 생각이 들었다.

　　아름다움과 절정을 바라본 그 순간은 인생에서 단 한 번뿐

이라고…. 한 순간이요, 한 번뿐이기 때문에 삶이 소중한 것이요, 인생이 값진 것이다. 혹 꽃봉오리를 보고 싶다면, 바로 오늘 봐야 한다. 내일이면, 땅에 떨어지든지 만개한 꽃으로 변해 있을 것이다. 마음에 각인된 그 순간의 추억과 미래라는 느낌은 영원한 삶 속에 자리 잡는다.

흐르는 물은 항상 가득하지 않고, 맹렬한 불길도 계속 타는 것이 아니며, 해는 떴다가 어느덧 지고, 보름달도 찼다 싶으면 금세 기운다. 꽃의 만개도 한 순간이다. 그러니 무엇에 집착해 머물러 있으며, 무엇을 탐하여 인생을 낭비해야 하는가?

당나라 때 운문 스님(864~949)은 늘 사람들에게 '일일시호일日日是好日'이라고 말했다. 불교신자만이 아니라 일반적으로 널리 알려진 말로서 '날마다 좋은 날 되소서!'라는 뜻이다.

무엇이 좋은 날이라는 뜻인가? 바로 '매일 매일이 최상·최고의 날'이며, '매일 매일이 둘도 없는 가장 소중한 하루'라는 것이다. 그 '날[日]'이라고 하지만, 시시각각 순간이 담겨 있다. 그러니 아름다운 꽃을 보는 그 순간도 단 한 번이다. '내일 봐야지!' 하면 벌써 늦는다.

그렇다면 그 순간을 소중하고 귀하게 여기기 위해서는 어떤 마음이어야 하는가? '날마다 좋은 날[그 순간이 좋기 위해서]'이 되기 위해서는 스스로의 마음가짐이 중요하다. 대학에서 강의 때마다 수업 시작 때, 학생들에게 명상을 시키면서 '나는 행복하다, 나는 운이 좋은 사람이다, 감사하다'라는 메시지를 스스로에게 각인시키라고 한다. 바로 이 점을 말한다. 행복과 기쁨을 스스로 만끽하면서 감사하는 마음으로 산다면, 그 순간순간이 값진 것이요, 소중한 삶이다.

필자도 얼굴을 아는 한 연예인이 자신의 페이스북에 '나는 불행한 사람이다.'라는 의미심장한 글을 올렸는데, 기자가 이를 기사화해서 인터넷에 올라왔다. 그녀에 대해 잘은 모르지만, 성공한 아나운서라고 생각한다. 물론 필자가 말하는 '성공'이란 기준점이 모호하고, 그녀 나름대로 속사정이 있겠지만, 그녀의 사고 자체가 안타깝다. '불행한 사람'이라고 스스로에게 인지시키고 있다는 점이 안쓰러운 것이다.

스스로에게 긍정 메시지를 불어넣어야 한다. '이런 순간순간이 인생 최대의 행복이다.'라고…. 예수님도 "항상 기뻐하고 끊임없이 기도하며 매사에 감사하라."고 하였다. 날마다 좋은 날[日]이 되어야 달마다 좋은 달[月]이 될 것이요, 달마다 좋은 달[月]이 되어야 해마다 좋은 해[年]가 될 것이다.

"행복아!"

헬렌 켈러(1880~1968)는 "사람들은 행복을 잘못 생각하고 있어요. 행복은 자기만족으로 얻을 수 있는 것이 아니라 가치 있는 목적을 충실하게 추구하는 데서 오는 것이다."라고 하였다. 링컨(1809~1865)은 "사람은 자신이 행복해지겠다고 마음먹는 만큼 행복해진다."고 하였다.

위 두 사람의 말을 빌지 않더라도 행복과 관련해 좋은 명언이 많다. 필자도 원고를 쓰면서 가장 많이 다루고 있는 주제가 행복이다. 이 세상의 모든 작가들도 그러할 것이다. 모든 사람들의 바람이 행복에 포커스를 두기 때문이다.

아마 어릴 때 배를 곯았던 사람은 '당신이 생각하는 행복이란 무엇인가?'라는 질문에 '맛있는 것, 먹는 것'이라는 답변을 할 것이다. 혹 교육을 많이 받지 못한 분은 '박사가 되는 것'이라고 말할지도 모른다. 또 어떤 이는 '권세 있는 정치인이 되는 것'이 인생의 행복이라고 답하는 이도 있을 것이다. 자신의 결핍했던 부분을 충족코자 하는 것이 행복이라고 착각하기도 한다. 여하튼 딱 한마디로 말할 수 있는 행복의 정의는 있을 수 없고, 정답 또한 없다. 사람마다 추구하는 분야가 다르고, 추구하는 목적이 다르기 때문에 행복은 주관적일 수밖에 없다.

심리학이나 경제학을 연구하는 사람들은 행복이라는 단어를 '주관적 웰빙(subjective well-being)'이라는 말을 사용하며, 세 가지를 갖춰야 한다고 말한다.

첫째, 자신의 꿈과 비교했을 때 현재 삶에 대한 만족감

둘째, 즐거운 상태나 성취감 등 긍정적인 감정의 존재

셋째, 분노나 슬픔 등과 같은 부정적인 감정을 갖지 않는 것

평생에 걸친 행복 곡선은 U 자와 비슷한 모양이 되는데, 미국 남성들의 행복도가 가장 낮은 시기는 50대 초반이고, 유럽의 경우는 40대 후반이라고 한다. 이 시기라면 대체로 자신이 갈망하던 꿈을 접고, 직장에서 높은 직위에 올라있으며, 연봉 또한 최고로 높을 때이다. 물질과 명예가 최고조로 높을 때, 행복도가 낮다면 물질과 명예가 행복의 척도가 아닌 것으로 미뤄 짐작할 수 있다.

불교에서 말하는 행복은 진리를 얻는 기쁨이다. 즉 더 이상의 고달픔이 없는, 그리고 더 이상 (인생에서) 배고프지 않는 참된 길을 발견했을 때를 말한다. 좀 더 근접한 행복을 만나보자.

　임제 선사는 "길을 가면서도 집을 떠나지 않는다[在途中 不離家舍]"고 하였다. 여기서 '길을 간다'는 말은 경제 활동을 하고, 가족을 거느리며, 취미 생활을 즐기는 모든 생활 전반을 말한다. '집을 떠나지 않는다'고 할 때, 집이란 본성·자성·불성에 충실해 있다. 곧 부처님의 집[세계]에 머물러 있는 것이다. 어떤 것을 추구하든 어디에 머물러 있든 간에 자신의 주체성을 잃지 않고 살아가는 것이 행복이라고 본다. 어디에 살아도 처처가 도량이요, 지옥에 있어도 지옥이라고 불평불만지 않을 만큼이라면, 그 자리가 행복 지점이다.

　이곳을 떠나서 저곳[彼岸]으로 가야 행복이 있는 것이 아니다. 바로 지금 살고 있는 이 지점이 목적지[행복]이다. 저 먼 곳과 현재의 시·공간을 상대적으로 보지 말자.

　사람들은 늘 자신이 목적하는 바를 이뤄야 행복하다고 생각한다. 현재 살아가고 있는 이 순간 순간, 자신이 머물고 있는 공간을 행복이라고 여기지 않는다. 하지만 언제 어떻게 될지 모르는 게 인생이다. 아침 이슬처럼 한 순간에 사라지는 인생이 아니던가?!

　너무 멀리 찾지 말자. '길을 가면서도 집을 떠나지 않는다'고 했듯이 무엇을 추구하든 무엇을 하든 간에 그대가 지금 서 있는, 걸어가고 있는 그 자리가 행복한 곳이다. 곧 목적지와 과정이 하나여야 하고, 그 과정 과정의 길이 행복이라는 것을 잊지 말자.

깨달음의 자리가 자신의 집〔자기 자신〕에 있는데 모르고 지내는 것처럼,
행복이 늘 옆에 함께했는데 우리는 모르고 있었다.
그러니 바이러스 병균이 나쁜 것만은 아닌 것 같다.
이로 인해 흔하고 흔한 일상의 삶·가족·사람과의 인연이
참 행복임을 알게 되었으니,
그 행복을 발견하는 데 비싼 수업료를 치르고 있는 셈

비싼 수업료

"나에게 행복이란
내가 원하기만 한다면, 늘 그 자리에 서 있다.
따라서 모든 고난이나 역경은
내 마음먹기에 따라 행복으로 바뀔 수도 있다."

위의 내용은 이탈리아 로마 제정 시대 노예 출신 철학자인 에픽테투스(Epiktetos, 55~135년)의 말이다. 우리는 늘 행복을 추구한다. 종교를 믿는 것도 남들보다 행복하기 위해서고, 공부를 열심히 해서 좋은 직업을 구하고자 하는 것도 행복을 위해서며, 좋은 배우자를 만나고자 하는 것도 행복하기 위해서다. 그렇다면 그 행복이란 어디에 있을까? 구태의연하고, 뻔한

질문에 독자님들이 웃을지도 모르겠다.

그러면 행복의 반대인 불행은?… 코로나 바이러스로 고통받고 있는 현실이 아닐까? 근자에 코로나19 바이러스 감염증으로 우리나라를 비롯해 전 세계가 심각한 위기에 처해 있다. 경제적인 문제는 말할 것도 없고, 체육계·예술계까지 도탄에 빠져 있다. 현 상태가 제2차 세계대전에 비견할 정도로 전시 상태와 다름없다고 한다. 불과 얼마 전까지만 해도 바이러스 감염증이 전 세계 사람을 위협할 거라고는 생각지도 못했던 일이 아닌가?!

코로나19 바이러스 발생을 우리가 어찌 막느냐고 하겠지만, 솔직히 따지면 인류의 자만과 자고병自高病으로 발병된 인재라 할 수 있다. 몇 년 단위로 발병하는 바이러스는 조류·어류·축생들을 인간의 피조물로 여기고, 생명을 함부로 해친 데서 발생하기 때문이다. 곧 현재의 바이러스도 인간이 스스로 만든 불행이다.

며칠 전에 친동생이 찾아왔는데, 잠깐 대화하고 헤어졌다[동생을 만나는 일이 1년에 한두 번]. 바이러스로 사람과 사람 사이에 거리두기를 하다 보니 따스한 인간의 정을 점점 잃어가고 있다. 사회적인 모임이나 단체 활동이 모두 stop된 상태이다. 바이러스로 죽은 이들 중에는 산 자의 배웅도 없이 이승을 떠나는 고인들이 있고, 바이러스로 죽은 부모의 장례조차 치르지 못해 고뇌하는 자식들이 있다. 또한 평생을 함께한 배우자의 죽음조차 배웅하지 못하는 부부도 있으며, 멀쩡한 자식의 죽음을 앞세우고도 눈조차 감기지 못하는 부모들이 있다. 눈앞에서 생이별하고 사는 피붙이 가족은 말할 것도 없고, 한 많은 사람들의 아픔이 지구촌 곳곳에서 일어나고 있다.

글 서두에서 말한 행복이란? 바로 인간과 인간의 인연이라고 본다. 행복은 바로 가족이었고, 사람이었다. 행복은 밖이 아니라 집안에 있었다. 우리는 이 점을 잊고 지내다 이번 바이러스를 통해 가족의 소중함을 알게 되고, 인간과의 관계가 행복이라는 것을 이번 기회에 알게 된 것이다.

통도사 경봉(1892~1982) 스님에게 어느 제자가 찾아와 이런 질문을 하였다.

"어떤 것이 적멸寂滅[해탈·깨달음]이며, 그것이 어디에 있습니까?"

"그대가 살고 있는 곳에 문은 몇 곳이나 있는가? 그 문마다 열쇠는 어디에 두었는가? 자기 집인데, 모를 리 없지요.… 적멸이란 바로 그대 자신이며, 열쇠는 바로 그대 집에 있네. 그걸 왜 나한테 묻는가?"[2]

깨달음의 자리가 자신의 집[자기 자신]에 있는데 모르고 지내는 것처럼, 행복이 늘 옆에 함께했는데 우리는 모르고 있었다. 그러니 바이러스 병균이 나쁜 것만은 아닌 것 같다. 이로 인해 흔하고 흔한 일상의 삶·가족·사람과의 인연이 참 행복임을 알게 되었으니, 그 행복을 발견하는 데 비싼 수업료를 치루고 있는 셈이다. 현 코로나 바이러스에 비관만 하지 말자. 곧 행복해진다.

2   명정 옮김, 『산사에서 부치는 편지』

자신이 현재 가진 것에 만족하고,
자신이 현재 서 있는 위치에서 최선을 다하며,
자신이 함께하는 사람과 웃으며 살아가는 것,
이것만큼 행복한 일이 어디 있겠는가?

즉시현금 갱무시절卽是現今 更無時節

조선 중기, 숙종은 종종 한 밤중에 거리를 다니며 백성들의 생활을 살폈다. 어느 날 밤 허름한 집 앞에 멈춰 서서 들으니, 그 집 식구들의 웃음이 넘쳐났다. 양반들이 사는 대궐 같은 집을 지날 때도 듣지 못하던 활기찬 소리였다.

숙종이 문틈으로 방안을 보니, 방안에는 3대가 사는 것으로 보이는데, 모두들 해진 옷을 입고 있었다. 할아버지는 새끼를 꼬고 있고, 아이들은 짚을 고르며, 할머니와 엄마는 빨래를 밟으며 정리하고 있었다. 가족이 모두 근심 걱정 없는 평온한 모습이었다. 숙종이 주인에게 "사는 형편이 괜찮으냐?"고 물었다. 주인은 "이렇게 가난하게 살아도 빚도 갚아가며, 저축도 하며 살고 있으니, 웃음이 납니다."

궁궐로 돌아온 숙종은 허름한 오두막집에 3대가 살면서 빚을 갚고 저축한다는 점을 의아하게 생각했다. 숙종은 며칠 후 다시 그 집을 방문해 주인에게 물었다.

"어떻게 이렇게 가난한 집에서 빚을 갚고 저축을 합니까?"
"부모님을 모시고 살면서 봉양하는 것 자체가 저를 키워준 것에 빚을 갚는 것이요, 제가 늙어서 의지할 자식이 있어 아이들을 올바르게 키우는 것이 저축하는 것이 아니겠습니까? 세상에 이보다 더 좋은 일이 어디 있습니까?"

사람이 부모를 모시고, 자식을 키우는 것은 당연한 일이요, 누구나 다 그렇게 살고 있는 매우 평범한 이야기다. 그런데 그 자체를 최상의 행복이라고 보고 있는 점이다. 행복의 기준이 무얼까? 어떤 이는 돈이 많아야 행복하다는 사람이 있고, 어떤 사람은 높은 명예를 얻어야 행복하다는 사람도 있으며, 어떤 이는 사랑하는 사람과 함께 살면 행복하다고 하는 사람 등 다양하다. 행복에 대한 관념이 사람마다 다른 주관적인 문제로 '누가 옳다 그르다'고 할 문제는 아니다.

하지만 만일 돈과 명예, 사랑을 얻은 것이 행복이라고 한다면 영원히 지속되어야 참 행복이라고 말할 수 있다. 어떤 사람이 20평 아파트를 매입하고 행복해 했다. 그런데 친구들이 살고 있는 30평 아파트를 보니, 배가 아팠다. 수년을 고생고생해서 30평 아파트를 사서 이사했는데, 다음날부터 또 괴로웠다.

40평 아파트에 사는 친구를 보면서 자신이 불행하다고 생각했다. 그렇다면, 이 사람의 욕망이 언제 끝날 것인가?!

인간은 자신이 가진 것에 만족하지 못하고, 또 다른 욕망을 꿈꾸며, 그 욕망이 채워지지 못하면 자신을 불행하다고 여긴다. 죽을 때까지 이렇게 반복할 텐데, 도대체 언제 행복할 수 있는가?!

『증일아함경』에서는 승려들에게 "현재 가진 것에 만족해야 한다."라고 하면서 지족知足을 계율로 삼으라고 하였다. 아마 수행에서 제일 금해야 할 문제가 소유에 대한 욕심이기에 계율로 정했던 것 같다. 그만큼 인간의 탐욕이 쉽사리 잠재워지지 않기 때문이다.

당나라 시대, 임제 선사(?~866) 말씀 가운데 이런 말이 있다.

"바로 지금, 여기일 뿐 다른 시절은 없다[卽是現今 更無時節]."

자신이 현재 가진 것에 만족하고, 자신이 현재 서 있는 위치에서 최선을 다하며, 자신이 함께하는 사람과 웃으며 살아가는 것, 이것만큼 행복한 일이 어디 있겠는가? 가난한 백성이 궁핍한 삶일지라도 자신이 가진 것과 자신이 처한 것에서 만족을 느끼듯, 현재 살아 숨 쉬는 것만으로도 감사히 여기며 행복하게 살자.

바람직하고 긍정적인 생각을 지속적으로 이어가면
태산도 옮길 수 있을 만큼 기적이 일어나고,
반면 적개심이나 우울감으로 부정적인 생각이 지속되면
반대의 현상이 일어난다.

생각하는 대로 이루어진다[心想事成]

고 노무현 대통령이 재임시절, 어느 기자로부터 이런 질문을 받았다.

"언제부터 대통령이 되려고 하셨습니까?"

대통령은 주저하지 않고, 이런 답변을 하셨다.

"변호사 시절에 대통령이 되어 집무를 보는 상상을 늘 하였더니, 어느새 내가 대통령이 되어 있네요."

바로 이 점이다. 내가 진정 원하는 바가 있으면, 간절하게 자신이 '그 원하는 자리에 앉아 있는, 혹은 그 원하는 상태로 되어 있는 모습'을 상상하는 것도 인생에서 성공할 수 있는 비결 중 하나라고 본다. '마음이 지극하면 통한다'고 하였다. 간절히 원하면, 그 원하는 대로 이루어지게 되어 있다.

개조명운改造命運 심상사성心想事成이라는 말이 있다. 자신의 운명을 바꾸고 싶다면, 자신이 이루고자 하는 바람대로 생각하라는 뜻이다. 그 이루고자 하는 것은 당연히 긍정적인 사고이다. 우리의 뇌는 부정적인 사고를 하도록 설계되어 있다. 분노가 쌓이거나 타인에 대한 부정적인 생각이 뇌 속에 각인되어 있는 경우가 일반적이다. 그러니 의식적으로나마 생각의 흐름을 부정 → 긍정으로 바꾸도록 노력해야 한다.

현대 과학은 '생각이 뇌를 바꿀 수 있다'는 것을 증명해 준다. 곧 생각이 뇌에서 분비되는 화학 물질에 변화를 줄 수 있다는 것이다. 장현갑(1942~)은 "생각·감정·학습 등의 인지적 과정은 도파민이나 세로토닌과 같은 감정 관련 물질과 아세틸콜린 같은 학습 관련 신경전달물질을 생성한다. … 긍정적인 마음이 지속되면 단순히 기분전환을 넘어 뇌의 물리적·화학적 구조 자체를 완전히 바꿔놓는다."고 하였다.[3]

바람직하고 긍정적인 생각을 지속적으로 이어가면 태산도 옮길 수 있을 만큼 기적이 일어나고, 반면 적개심이나 우울감으로 부정적인 생각이 지속되면 반대의 현상이 일어난다.

미국의 심리학자인 윌리엄 제임스(William James, 1842~1910)는 "생각이 바뀌면 세상이 달라진다."고 하였다. 사실 이 말은 불교 사상으로, 경전 곳곳에 설해져 있다. 『유마경』에 "심청정心淸淨 국토청정國土淸淨"이라고 하였다. 내 마음이 청정하면 나를 둘러싼 모든 환경과 주변이 청정하게 보인다는 뜻이다. 세상을 바꾸기는 힘들다. 내가 변해야 한다. 내 마음이 행복하면 모든 이들에게 행복을 줄 수 있고, 내가 불편하면 내 주위의 모든 것이 힘들게 된다. 삶 전반에 걸쳐 평소에 어떤 생각[긍정 혹은 부정]을 많이 하는가에 인생의 행복과 불행이 달려 있다. 그러니 긍정적인 생각으로, 자신이 원하는 방향으로, 자신의 모습을 이미지화해야 한다. 이런 것도 연습을 하면 얼마든지 가능하다.

세상 어떤 것이든 심상心想을 따라 생겨난다. 자신이 긍정적인 사고를 하면 긍정적인 일이 발생하고, 부정적인 생각을 하면 부정적인 일이 발생한다. 부정을 긍정으로 회전될 수 있도록 회로를 바꾸는 일이 무엇보다도 중요하다. 이렇게 꾸준히 노력하면 인생은 얼마든지 즐거울 것이요, 행복하게 살 수 있다. 인생은 종이컵처럼 1회용이다. 단 한 번의 인생이거늘 힘들게 살아야 하겠는가!? 이왕이면 행복하게 살다 가자.

3 『심리학자의 인생 실험실』, p.131

우리가 행복한 극락[천국]이 멀리 있다고 느낀다면,
왜 행복이 멀리 있는가를 생각해 보자.
그 멀리만큼의 길이란 곧 자신의 아집의 깊이이다.

불행은 아집의 깊이에 비례한다

　　　당나라 말기, 조동종의 건봉乾峰 선사가 있었다.
한 승려가 찾아와 선사에게 물었다.
"시방十方이 다 불토佛土로 뚫리고, 큰 길 하나가 곧바로 열
반의 문으로 뚫렸는데, 어디부터 가야 합니까?"
　　건봉 선사는 당신이 서 있는 그 자리에서 지팡이로 땅바닥
을 두들기며 말씀하셨다.
"눈앞이 곧 길이다[眼前問卽是道路], 바로 여기서부터 가면
됩니다."

　　독자님들은 무슨 말인지 의아할 것이다. 불교는 원래 기도
하는 종교라기보다 마음 닦는 수행의 종교이다 보니, 수행이나

명상에 관련된 이야기가 많다. 앞의 이야기를 정리하면, 간단한 내용이다. 수행을 하고자 하는데, 무엇부터 어느 것부터 실천해야 깨달음을 얻을 수 있느냐는 질문이다. 어떤 문구든 사람마다 해석하는 방식이나 이해가 다르다. 사람마다 자신의 인생관과 세계관이 다르기 때문이다. 한편 공안은 해석하는 것을 금기로 하지만, 가끔은 풀어 써야 할 때가 있다.

합천 해인사 팔만대장경 당우 주련에 이런 내용이 있다.

"원각도량이 어디인가? 현재 생사가 일어나는 바로 그곳이다[圓覺道場何處 現今生死卽是]."

여기서 '원각도량'이란 깨달음의 경지이고, '생사生死'란 삶과 죽음이 아니라 번뇌를 상징한다. 곧 깨달음을 얻고자 발버둥치며, 여기저기 수소문내며 찾아도 길 찾기는 쉽지 않다. 그런데 그 출발점은 먼 곳이 아니다. 바로 자신이 평소에 생각하고, 괴롭다고 신음하는 자신에게 출발점이 있는 것이요, 출발점을 돌이키면 바로 그 자리에 목적지[깨달음]가 있다.

중국을 순례하는 동안 어느 사찰 일주문 위에 쓰여 있는 문구를 보고, 감탄한 적이 있다. "회두시안回頭是岸[자신이 서 있는 그 자리에서 고개를 돌리면, 그 자리가 극락]"이다. 이 말은 『주자어류朱子語類』에 나오는데, 불교에서도 많이 쓰인다. 곧 해탈 언덕[彼岸]은 수년 동안 열심히 먼 길을 걸어야 청정세계에 도착하는 것이 아니라 현재 중생들이 지지고 볶고 살고 있는, 바로 이 자리가 해탈의 언덕이다. 마음의 본질을 자각하는 그 자리가 바로 행복 지점이라는 뜻이다.

"10년 공부 도로아미타불"이라는 말이 있다. 일반적으로 공든 탑이 무너진 경우를 빗대어 말한다. 그러나 이 말은 아미타 부처님이 극락세계에 계신 줄 알고 염불해서 자신도 그 세계에 가려고 했더니, 그(他方) 세계는 저 먼 곳이 아니라 자신의 마음자리에 있음을 10년 만에 알았다는 뜻이다. 그래서 『유마경』에서는 '차안즉피안此岸卽彼岸' '번뇌즉보리'라고 한다.

일상의 삶에서도 마찬가지다. 내가 고통에 빠져 있을 때, 가만히 자신의 마음을 들여다보라. 어디에 답이 있는가? 매우 멀리 있는 것 같지만, 결국 자신 안에 그 답이 있다.

물론 물리적인 고통과 고뇌가 있다. 하지만 이 또한 마음을 바꾸면 된다. 예를 들어 배우자와 늘 다툼이 있다고 하자. 배우자가 내 비위를 맞춰 주거나 상대가 변하기를 기다리면, 영원히 두 사람 사이에 평화는 없다. 곧 자신이 먼저 변해야 한다. 거기에 해답이 있다. 우리가 행복한 극락[천국]이 멀리 있다고 느낀다면, 왜 행복이 멀리 있는가를 생각해 보자. 그 멀리만큼의 길이 곧 자신의 아집의 깊이이다.

작은 물 한 바가지도 그 쓰임의 역할이 있다.
이 세상 모든 존재는 그 나름대로의 존재 가치가 있는 법이거늘
만물의 영장인 사람은 어떠하겠는가?

물 한 바가지, 자투리 천

옛날에는 목욕하는 일이 쉽지 않았다. 필자가 출가했을 때만 해도 목욕할 때, 물을 아끼고자 뜨거운 물을 여러 사람이 재활용하며 썼다. 또 필자가 어릴 때는 물을 데운 뒤 큰 고무 통에 들어가서 목욕을 했던 기억이 있다. 몇 십 년 전은 우리나라가 잘 살지 못한 때라 목욕과 관련된 에피소드가 하나쯤은 있을 것이다.

19세기에 살았던 스님들 이야기다. 의산儀山 선사가 목욕을 하려고 제자에게 물을 데우라고 하였다. 물을 데운 뒤 의산이 욕통에 들어갔는데, 너무 뜨거웠다. 의산은 제자를 불러 "물이 너무 뜨거우니 찬물을 갖고 와서 물통에 부어 넣으라."고 하였다. 제자가 찬물이 담긴 통을 가져와 붓는 도중, 선사는 그만

하라고 하였다. 그러자 제자는 물통에 남아 있던 찬물을 그냥 바닥에 쏟아 버렸다. 그러자 선사가 꾸짖으며 말했다.

"멍청한 것! 크든 작든 어떤 것이든 그 쓰임이 있거늘 어찌하여 너는 물을 그냥 버리느냐? 그 물을 나무에 주면 나무도 좋고, 물도 제 역할을 하는 것이거늘 어찌하여 물을 함부로 낭비하느냐?"

제자는 스승의 충고에 깨달음을 얻고, 어떤 것이든 그 쓰임이 있다는 말을 마음에 새기고자 자신의 호를 '적수滴水'라고 하였다. 훗날 사람들은 그를 적수 화상(1822~1899)이라고 불렀다. 물 한 방울에도 그 존재로서의 역할이 있으며, 그 물 한 방울은 모든 사물의 밑바닥에 스며들어 사람들에게 자비를 베푸는 소중한 존재이다.

이 세상의 모든 존재들!!!… 못생긴 것은 못생긴 대로, 모난 것은 모난 대로 다 쓰임이 있기 마련이다. 수년 전 어느 산골 절을 방문했는데, 일주문 앞에 있는 작은 정자가 일품이었다. 네 기둥이 똑바로 곧은 것이 아니라 모두 제각각 굴곡져 있었는데, 나무 모양의 자연스러운 형태를 그대로 사용해 지었다. 반듯한 나무만 필요할 것 같지만, 굴곡진 나무 또한 그 나름의 멋을 우리에게 보여 준다.

필자의 모친은 솜씨가 좋으셔서 한복이나 옷을 손수 만들어 주셨다. 동네 분들이 어머니께 옷을 지어달라는 부탁을 할 정도였다. 겨울 스웨터나 장갑까지 어머니께서 짜주셨다. 그런데 어머니는 자투리 천이나 작은 뭉치의 실을 버리지 않고, 큰 박스에 모아놓았다. 어린 눈에 쓸데없는 자투리 천과 실인데, 어머니는 종종 그것들을 활용해서 옷을 짓거나 자투리 실로 장갑 등을 짜 주셨다.

TV 연속극이나 영화도 주연배우만으로는 그 작품이 만들어지지 않는다. 때론 조연들의 명품 연기로 영화와 연속극이 유명해지기도 한다. 어느 유명 배우는 이런 말을 하였다.

"저는 무명생활을 10년 넘게 했습니다. 그런데 유명해지기 전에 작은 엑스트라 연기를 할 때도 마치 저는 주연배우처럼 열심히 했습니다."

그의 말처럼 비록 작은 배역을 맡았을 때도 최선을 기울인 노력이 성공의 발판이 되었을 것이다.

다시 글 처음으로 돌아가자. 작은 물 한 바가지도 그 쓰임의 역할이 있다. 이 세상 모든 존재는 그 나름대로의 존재 가치가 있는 법이거늘 만물의 영장인 사람은 어떠하겠는가? 이 세상 모든 이를 존중하고, 사랑하자!!

내가 존재하는 이유, 그대…

　　북촌 길이 휭하다. 주말에 사람들이 삼삼오오 북적거
리며, 늘 축제의 현장 같던 동네가 고요한 정적만이 감돈다. 50
여 일 전 중국 호북성湖北省 무한에서 코로나19 바이러스 감염
증이 발병해 '잠시 중국만으로 끝나려니…' 했더니, 전 세계로
확산되고 있다. 과학과 의학이 최첨단으로 발전하는 현대에 인
간의 삶이 윤택할 거라고 장담하건만, 근자의 사태를 보니 인
간은 하염없이 나약한 존재이다. 현재 우리나라는 연일 코로나
19 바이러스를 메인 뉴스로 방송하며, 실시간으로 확산자와 사
망자를 발표할 정도로 심각한 단계이다.

　　한치 앞을 모르는 게 인생이라고 하더니, 한 나라의 국가 운
명도 마찬가지다. '고난'이라는 복병이 불쑥 튀어나와 나라 전

체를 흔들고 있다. 그렇다고… 어찌하겠는가?! 무서운 '적수(?)'라고 피한다고 피해지는 일인가?! 이런 때 나·너·우리, 모두의 삶을 위한 것이 무엇인가를 생각해 보자.

첫째, '조고각하', 자신과 주변을 살피자. 송나라 때, 오조법연五祖法演(1024~1104) 스님이 있었다. 법연은 최초로 무자 화두를 주목한 선사이며, 『벽암록』의 저자인 원오극근圓悟克勤(1063~1135)을 제자로 둔 스님이다. 법연이 제자 세 명과 함께 외출했다가 늦은 밤길을 걷게 되었다. 그런데 갑자기 바람이 불어와 초롱불이 꺼져 앞을 전혀 볼 수 없었다. 법연은 제자들에게 물었다.

"이럴 때는 어떻게 해야 하느냐? 각자 생각나는 대로 말해 보아라."
스승의 질문에 당황한 두 제자는 어물거리며 답변하지 못했고, 마지막으로 극근이 대답했다.
"조고각하照顧脚下, 발밑을 살펴보아야 합니다."

대한불교 조계종 총무원 청사를 오르는 계단에 '조고각하' 글귀가 새겨져 있다. 이 글귀는 자신의 본성에서 발현되는 하나하나의 본성을 각성하라는 의미이지만, 일상의 삶 차원에서 보자. 처음 이 코로나 바이러스가 발병되었을 때, 인간의 무분

별한 생명 경시를 문제 삼았다. 자연이든 동식물이든 생명을 함부로 해한 데서 발병했다는 점이다. 그러니 이런 위기를 기회삼아 인간의 자고병自高病을 반성해야 한다. 한편 옛날 선조들은 전염병이 돌거나 어린아이가 아프면, 무조건 역경逆境으로만 보지 않았다. 즉 자연적인 재난이든 인재이든 인간으로서 불가항력적인 전염병을 '손님'이라 지칭하며 겸손히 받아들였이다.

『보왕삼매론』에 "몸에 병 없기를 바라지 말라. … 성인이 말하기를 병고를 양약으로 삼으라고 했다. … 세상살이 곤란 없기를 바라지 말라. 제 잘난 척하는 마음과 사치하는 마음이 일어나기 때문이다."라고 하며 인간의 자만심을 경계하고 있다. 겸손한 마음으로 한번쯤 삶을 되돌아보는 계기로 삼자.

둘째, 이 재난 또한 스쳐 지나간다. 『천수경』에 "죄에는 본 성품이 없고 단지 그 마음에 따라 일어나니, 만약 그 마음이 멸한다면 죄도 또한 사라진다."는 내용이 있다. 인간은 자신 스스로가 만들어낸 두려움·공포로 자승자박하는 경우가 많다. 어떤 것이든 스스로 문제 삼지 않으면 고뇌는 없다. 이 코로나 바이러스 질병도 마찬가지다. 사람들은 자기 생각이 만들어낸 고통과 두려움으로 고통을 더 가중시킨다. 이 바이러스 질병을 무서운 적으로 여기고 두려워하는 공포감을 조금 내려놓자. 당당하게 맞서는 것은 어떨까?!

셋째, 이기심을 버리고 대승적인 마음을 가져야 한다. 서로 비방하거나 상대를 탓해서는 안 된다. 처음 바이러스에 대처하지 못했다고 국가 정책을 비난하거나 확진된 사람[대구의 특정 종교]을 비난해서도 안 된다. 자신과 자기 가족만을 위해 물품이나 마스크 등을 사재기해서는 더더욱 안 될 것이다. 이 코로나19 바이러스 전염으로 가족을 잃은 사람도 있고, 병으로 고통 받는 사람들도 많다. 불교계를 비롯한 종교계는 말할 것도 없고, 생계를 걱정해야 하는 이들이 있다.

모든 이들이 힘든 때, 상대를 위로하며 연민심으로 바라보자. 서로서로의 동반된 삶[相依相關의 緣起法]을 염두에 두어야 한다. 지금은 물질적인 것이든 인력으로든 도울 수 있는 방법을 강구해야 한다. 재난이 빨리 사라지도록 진정어린 염원을 맘속에 품어보자.

타인이 아파하고 축생들이 고통 받고 있는데,
자신만을 위한 명상은 어떤 의미가 없다는 뜻이다.
결국 명상[수행]이란 자신만의 이익이 아니라
타인들의 아픔을 어루만질 수 있어야 진정한 명상이라고 할 수 있다.

행복의 조건

　　필자는 아침마다 마을버스를 탄다. 두 사람이 앉는 좌
석인데, 창가 쪽으로 앉아 있으면 나중에 탄 사람이 앉기에 편
한데, 아랑곳하지 않고 버스 복도 쪽에 앉아서 홀로 폰만을 만
지작거리는 이들이 대부분이다. 그러니 들어가서 앉기도 조금
불편하고, 곧 내릴 것이라고 생각하고 아예 서서 간다. 그런데
그런 사람을 볼 때마다 '왜 저렇게 이기적일까?' 생각하지 않
을 수 없다.

　　20세기의 천재 아인슈타인은 이런 말을 하였다. "공동사회
에서 사는 인간의 가치는 그의 감정·사상·행동이 주위 타인들
에게 이익과 행복을 증진하는 데에 달려 있다."고 하였다. 곧
인간의 윤리적인 기준은 "내가 타인에게 악영향을 끼치느냐,

선의 영향을 끼치느냐?"라는 가치 판단에서 그 사람의 도덕성을 판단할 수 있다고 본다.

여기서 조금 인간다운 면모를 갖춘 이야기를 들어보자. 인도의 성자 크리슈나무르티(krishnamurti, 1895~1986)가 제자들과 함께 기차로 인도 여행을 하였다. 마침 기차 안에서 제자들이 '명상'에 대해 열띤 토론을 하였다. 현대인들은 명상에 대해 '힐링'이라는 말을 내세우며 자신의 정신적 치유를 생각한다. 곧 자신의 행복을 위해 깊이 생각하고, 마음의 힘든 시간을 치유코자 한다.

다시 크리슈나무르티로 돌아가자. 기차 안에서 제자들이 서로 열띤 토론을 하면서 각자 자기주장을 내세웠다. 아무리 시간이 지나도 결론이 나지 않자, 한 제자가 "명상에 대해 정의를 내려달라."고 했다. 그러자 크리슈나무르티가 대답했다.

"우리가 타고 가는 이 기차가 조금 전에 철로에서 염소를 치어서 기차가 잠시 멈춰 있었다. 그런데 밖에서 시끌벅적하고, 사람들이 한참을 웅성웅성하였는데 그대들은 명상 토론에 열중하느라 그런 일이 일어난 것조차 모르고 있는 것 같더구나. 그런 것은 명상과는 거리가 멀다. 그리고 자신밖에 모르는 사람들은 명상에 대해 정의하는 것조차 옳지 않다."

곧 자신을 위한 치유를 하는데, 타인이 아파하고 축생들이 고통 받고 있는데, 자신만을 위한 명상은 어떤 의미가 없다는 뜻이다. 결국 명상[수행]이란 자신만의 이익이 아니라 타인들의 아픔을 어루만질 수 있어야 진정한 명상이라고 할 수 있다는 의미로 볼 수 있다.

개강 시즌이다. 나는 대학에서 강의를 하고 있는데, 첫 시간이나 두 번째 시간에 이런 내용을 언급한다.

"이 세상은 자기 마음대로 살아가지만, 절대 그렇게 해서는 안 될 때가 있다. 특히 다른 사람들과 함께하는 수업시간에는 자기 마음대로, 자기가 하고 싶은 대로가 아니라 나의 행동이 남들에게 피해를 주었느냐, 그렇지 않았느냐로 윤리 기준을 정해 임해야 한다."

'나 하나쯤이야 괜찮겠지' 하면서 다른 학생들이 열심히 수업 중인데, 본인만 몰래 수업 시간 내내 폰을 하는 학생들도 있다. 주위 친구들이 조금 언짢은 표정을 지으면, 아무렇지도 않은 척 아랑곳하지 않고 계속 폰을 한다. 또 개중에는 강의실에 늦게 들어오는 경우가 있는데, 조금 미안한 마음으로 들어오는 것이 아니라 소리를 크게 내며, 아무렇지도 않은 척 큰 소리를 낸다. 솔직히 강의하는 입장에서 매우 안타깝지만 본인들은 자각하지 못한다.

조금만 양보하자. 조금만 자신을 희생하면, 모든 이들이 행복한데 조금도 양보하지 않고, 자신의 이기적인 생각에 빠져 있다. 남의 아픔을 살피지는 못할지언정 적어도 남에게 피해를 주지 않고 살아가는 그런 삶이어야 하지 않을까?

여백

　　조선 시대 화악문신華嶽文信(1629~1707) 스님은 출가했지만 글자를 몰라 호구지책으로 농기구 보부상을 시작했다. 조선시대에는 스님들도 살림이 어려워 경제활동을 하였다. 곧 낫·호미·괭이·보습 같은 농기구를 잔뜩 짊어지고 이 절 저 절 다니며 행상을 한 것이다. 그러다 우연히 스님이 『화엄경』 구절을 듣고, 자신이 승려로서 '무엇 때문에 이렇게 살고 있는가?'라는 자괴감을 갖고 이때부터 오롯이 참선 수행하여 큰 깨달음을 이루었다.

　　또 조선 시대 고한孤閑(1561~1647) 스님은 12세에 출가해 풀로 신을 삼아 파는 등 경제활동을 하였다. 어느 해 고한 스님은 세포 16필을 짜서 여기 저기 팔러 다니다가 길가에 앉아 잠시

조는 사이에 세포를 도난당했다. 그때 잃어버린 옷감으로 상실감이 매우 컸는데, 스님은 이 길로 장사를 접고, 수행에만 몰두해 깨달음을 이루었다.

두 스님 모두 조선시대 큰 스님들이다. 두 스님은 경제적인 물건을 잃고 그 상실감에 자신의 정체성을 돌아보게 되었고, 승려로서의 삶에 진정 잃어버린 것이 무엇인가를 생각한 뒤에 진로를 바꾸었던 것이다[조선시대에는 스님들도 사찰 경제가 열악해 상업에 종사하기도 하였음].

과연 이 시대를 살아가는 현대인들은 어떤 모습인가? 누구나 인생길에 허우적거리며 마음의 여백이 없이 살아간다. 폰[phone]이 방전되면, 급히 충전은 서둘러 하고, 물건 잃어버리면 온 집안을 뒤져서라도 찾아낸다. 찾지 못하면 타인을 의심까지 한다. 혹 지인이 돈을 떼먹으면, 소송을 걸어서라도 돈을 받아 낸다. 더 나아가 배고프지 않아도 더 많은 것을 차지하려고 다른 사람을 해치면서까지 욕심을 채운다. 그러다 보니 오히려 더 많은 것을 잃고 사는 셈이다. 말 그대로 인간은 조삼모사朝三暮四처럼 어리석다.

필자도 승려이지만, 도시에 살면서 강의와 원고를 쓰다 보니 진정한 쉼[休]이 없이 살아간다. 쓸데없는 일에 너무 많은 시간을 소비하는 셈이다. 안타까워하면서도 그냥저냥 흘러가는 것을 넋 놓고 바라본다.

어느 한 수행자[엄양 존자]가 조주趙州(778~897) 선사를 찾아와 물었다.

"(모든 것을 버리고) 한 물건도 가져오지 않을 때는 어찌해야 합니까?"

"내려놓아라[放下着]."

"이미 한 물건도 가지고 오지 않았는데 무얼 내려놓으라는 말입니까?"

"그렇다면 다시 짊어지고 가거라."

우리는 너무 많은 것을 들고서 무겁다고 칭얼댄다. 자신의 능력 밖의 욕심을 내니, 힘들 수밖에 없다. 마음의 여백이 없어서다. 어깨에 짊어진 무거운 짐을 조금만 내려놓자.

"숱한 어려움을 겪으면서 전쟁을 벌이는 것도
모두 땅과 백성을 얻기 위함입니다. 그런데
땅을 얻어도 백성이 없다면 무슨 의미가 있겠습니까.
재물은 풍족을 줄 수 있지만,
그것을 만들어내는 것 또한 사람입니다."

칭기즈칸과 야율초재

전 세계 역사상 가장 많은 땅을 정복한 사람이 몽골의 칭기즈칸(1162~1227)이다. 우리나라도 고려 때 몽골 침입으로 초조대장경이 소실되고, 수많은 백성이 죽음을 당했다. 몽골족이 지나간 자리에는 개미 새끼 한 마리 남지 않을 정도로 '잔인한 민족'으로 세계사에 기록되어 있다.

이런 몽골인들의 잔인성과 야만성을 잠재우고, 원나라가 개국되는데 법률적인 초석을 다진 사람이 있다. 바로 요나라의 야율초재耶律楚材(1190~1244)이다. 그는 정치사적으로는 칭기즈칸의 책사요, 불교사적으로는 만송행수萬松行秀(1166~1246)의 제자이다.

상하이대학 역사학자이며 세계적인 문화평론가인 위치우이

[余秋雨, 1946~]는 야율초재에 대해 "이민족으로서 한족보다 훨씬 뛰어난 문장가요, 학문적 소양이 깊은 사람이다."라고 평가하고 있다. 또 중국 역사가들은 "야율초재가 없었다면, 중국 역사가 바뀌었을지도 모른다."고 할 정도로 그를 높이 평가한다. 현재 중국에는 초재에 관한 평전도 많고, 그의 동상이 중국 곳곳에 세워져 있다.

야율초재는 27세 무렵, 조동종을 중흥시킨 만송 선사를 만나 참선을 시작했다. 만송은 초재의 문집인 『담연거사문집』 서문에 이렇게 서술하고 있다.

"담연 거사는 27세 때부터 나의 지도를 받았다. 그는 법을 위하여 몸과 마음을 모두 잊었으며, 세간의 명리에 착着하지 않았다. 담연은 마음의 도리를 구하여 신묘한 경지를 정밀하게 추구하였다. 추위와 더위, 밤과 낮을 구분하지 않고 참구하기를 3년 만에 도를 얻었다. 이에 나 만송은 그에게 게송을 내리고, 담연湛然이라는 법호를 주었다."

한편 야율초재는 만송행수의 『종용록從容錄』 서문에 자신의 선 수행 과정을 서술하기도 하였다. 선종 법맥도에 만송행수의 법맥으로 야율초재가 기재되어 있다. 선종사에서는 야율초재를 '담연거사'라고 한다.

야율초재와 칭기즈칸의 만남을 보자. 칭기즈칸은 끊임없는 전쟁을 하면서 뭔가 허전함을 느꼈다. 칸은 자신에게 정신적 지주가 될 인물을 백방으로 찾았는데, 요나라의 야율초재가 적임이었다. 결국 칭기즈칸은 당시 금나라 지배를 받고 있던 요나라의 야율초재를 책사로 모셨다.

야율초재는 '우주 만유 도리를 탐구하고 성품을 닦는 일에는 불교의 가르침보다 더한 것이 없으며, 세간을 다스리고 백성을 편안케 하는 데는 공자의 가르침이 마땅하다. 나랏일을 하는 데는 공자의 가르침을 따를 것이며, 나[我]를 버리는 일에는 불교의 진여를 따르겠다.'는 마음으로 칭기즈칸의 책사 임무를 시작했다. 즉 유교로써 나라에 봉사하고, 불교로써 마음을 다스린다[以儒治國 以佛治心]는 취지였다고 볼 수 있다. 칭기즈칸은 주위 신하들에게 야율초재에 대해 이렇게 말했다.

"이 사람의 말을 존중해야 한다. 앞으로 야율초재를 내 곁에 두어 언제든지 자문을 구할 것이다."

야율초재와 칭기즈칸은 서로를 절대적으로 신뢰했다. 야율초재는 도교의 도사를 초빙해 칭기즈칸의 마음공부를 도왔고, 살생의 부도덕성과 생명 존중 사상을 일깨워 주었다. 칸이 죽기 한 달 전, 군신들에게 "정복을 해도 사람을 살상하지 말고, 노략질하지 말라."는 지령을 내렸다. 또 칸은 자손들에게 이런 유언을 남겼다.

"야율초재는 하늘이 우리 가문에 준 인물이니 그의 뜻에 따라 국정을 행하라."

야율초재는 칭기즈칸이 죽고 나서 2대 오고타이 시대까지 책사를 지냈다. 한번은 야율초재가 전쟁 중에 오고타이칸을 찾아가 이런 말을 하였다.

　　"우리가 숱한 어려움을 겪으면서 전쟁을 벌이는 것도 모두 땅과 백성을 얻기 위함입니다. 그런데 땅을 얻어도 백성이 없다면 무슨 의미가 있겠습니까. 재물은 풍족을 줄 수 있지만, 그것을 만들어내는 것 또한 사람입니다."

　　그런데 2대 오고타이왕이 일찍 죽자, 왕비가 섭정을 시작했다. 야율초재는 왕비와 왕비를 따르는 신하들에게 미움을 받았다. 그들과 정치적으로 숙적 관계였던 그는 그 상황을 견뎌내지 못하고, 55세에 화병으로 죽었다. 야율초재가 죽자, 정적들은 그의 가산을 몰수해야 한다며 팔을 걷어 부치고 나섰다. 그런데 막상 조사해 보니, 그의 재산은 거문고와 악기 10여 개, 그림 몇 점과 수천 권의 책뿐이었다.

자신에게 좋은 일이 생겼을 때, 어느 타인은
힘들게 고통 받을지도 모른다. 이 또한
연기적인 관계에 놓여 있기 때문이다.
그러니 자신만 잘 된다고 만용을 부려서는 안 된다.
언제 뒤바뀔지 모르는 게 인생이다.

나 혼자만 잘 살면 무슨 재미?

　　코로나 19로 봉쇄된 이탈리아 베네치아에 60년 만
에 돌고래들이 찾아왔다. 요즘처럼 힘든 시기에 유쾌한 뉴스이
다. 좀 부연하면, 코로나 19로 인해 베네치아에 관광객이 끊어
지니, 사람들이 많을 때는 바닷물이 뿌예져서 바닷속을 볼 수
없었는데, 사람이 없으니 물이 맑아지고 돌고래가 돌아온 것이
다. 물오리들이 유유히 헤엄을 치고 있고, 없던 물고기가 돌아
다닌다. 게다가 공기가 맑고, 하늘이 화청하다. 운하 곤돌라·소
형 증기선 등 보트 통행이 없으니, 고요한 해변이 되는 것이 당
연한 현상이다. 코로나19 전염증으로 생각지도 못했던 긍정적
인 일이 적지 않게 일어나고 있다. 이런 비슷한 현상은 어느 나
라나 마찬가지일 것이다.

또 병원에 감기 환자가 줄었다. 공기가 좋아진데다 사람들이 마스크를 쓰고 다니니, 당연히 감기환자가 줄 수밖에 없다. 환자들로 북적이던 병원에 환자가 줄면서 건강을 회복하는 사람들이 많다.

한편 학생들은 학교에 가지 않고, 집에 있는 시간이 많으니 집밥을 먹고 있다. 엄마들은 반찬 준비가 힘들어 반찬가게에서 음식을 사는 일이 많으니, 반찬 가게 운영이 잘 된다고 한다. 여기서도 몇 가지를 볼 수 있다. 어린이와 학생들이 집밥을 먹으면서 건강을 유지하고, 탈선하는 확률이 줄었다고 한다. 또 다른 이야기는 배달 업체의 성업이다. 이외에도 코로나로 인해 경제적으로 번성하거나 잘 된 곳이 적지 않다고 한다. 하지만 반대로 현재 소규모의 자영업자나 중소기업이 도산하는 경우가 더 많은데, 그분들께는 죄송할 따름이다.

이번 코로나 전염증으로 인해 사람들은 많은 점을 느꼈을 것이다. 한 사람의 코로나 확진자가 발생하면 온 가족은 물론이요, 동네 사람들, 회사 사람들, 더 나아가서 우리나라 전역에 코로나를 확진시킬 수 있다. 한 사람의 미치는 영향력이 얼마나 큰지를 실감했을 것이다. 정부 차원에서 세계 지성인으로 인정받는 교수이며, 문화학자인 기소르망(Guy Sorman, 프랑스)과 '코로나로 인한 세계 변화'에 대한 인터뷰가 있었다. 질문자가 '우리가 맞서게 될 거대한 변화가 무엇이냐?'고 질문하자 그는 이렇게 답변했다.

"이번 코로나로 해서 우리의 운명이 상호 의존적이며, 우리의 이웃에게 달려 있다는 점을 인식한 것이라고 생각합니다. 모든 국가가 서로 의존하고 있으며, 인류 전체가 동질성을 느끼게 되었다고 생각합니다."

이를 화엄철학으로 말하면, 일즉다一卽多 다즉일多卽一 사상이다. 하나가 곧 다수요, 다수가 곧 하나인 것이다. 결코 나 혼자만 잘 살 수 있는 세상이 아니다. 모든 이들이 더불어 함께한다는 점이다. 한 사람은 주위 수많은 이들과 연결되어 있는 상호의존의 유기적인 존재들이다. 곧 우리는 연기緣機적인 관계 속에 놓여 있는 존재이다. 모든 것들은 서로 관계를 맺고 있으며, 서로가 서로에게 영향을 주고받는다. 시간적인 선후의 인과 관계나 논리적인 상호의존의 인과 관계가 모두 연기사상이다. 선禪에서는 이를 제법실상諸法實相이라고 표현한다. 있는 그대로의 현상 세계인데, 선사들이 깨달음을 표현할 때도 이 제법실상이라는 단어를 사용한다.

원고 서두에서 말한 것과 그 반대 현상을 보자. 감기 환자가 줄어들었다는 것은 의사에겐 수입이 감소된 것이요, 이는 의료 업계 전반에 영향을 미친다. 또 배달 업체는 성업을 누리지만 소규모 자영업자는 경영난에 허덕인다. 내 업체가 잘 될 때, 손해 보는 업체는 더 많다. 자신에게 좋은 일이 생겼을 때, 어느 타인은 힘들게 고통 받을지도 모른다. 이 또한 연기적인 관계에 놓여 있기 때문이다. 그러니 자신만 잘 된다고 만용을 부려서는 안 된다. 언제 뒤바뀔지 모르는 게 인생이다.

역증상연逆增上緣이라는 말이 있다. 즉 사람이 어려운 고비를 겪으면서 고통을 더욱 분발하는 인연[계기]으로 삼으라는 뜻이다. '코로나 19'라는 거대한 괴물만 지나가면, 밝은 미래가 열릴 것이다. 조금만 견디자.

2장

사랑 마당

엄지손가락, 반란을 일으키다

"큰 그릇은 다만 소용이 큰 데 쓰여질 뿐이고 작은 그릇은 작은 데 소용이 될 뿐입니다. 크건 작건 그릇들은 각자 그들의 역할이 있습니다. 좋은 목수라면 큰 나무든 작은 나무든 결코 버리지 않습니다. 어떤 나무든지 잘 사용합니다. 좋고 나쁜 것은 없습니다. 좋은 것들은 좋은 대로, 굽은 것은 굽은 그대로 목적에 맞게 잘 사용하면 됩니다. 좋다고 집착하고 나쁘다고 버리지 마십시오. 좋고 나쁜 친구의 개념도 그러합니다. 마지막으로 하고픈 말은 모든 개념적인 생각으로부터 자유로워지라는 것입니다."

위의 내용은 구한말 스님인 경허(1849~1912) 선사가 만행 도

중, 동학사에 잠시 들렀을 때 스님들과 신도들에게 해 준 설법 가운데 일부분이다. 사람마다 그 사람 나름대로 존재 가치가 있고, 물건은 그 물건 나름대로 쓸모가 있고, 다 소중한 것이니, 그 어떤 것에도 분별심을 갖지 말고 있는 그대로 인정해 주라는 것으로 해석된다. 근자에 필자는 경허 스님의 말씀을 뼈저리게 실감했다.

한 달 전부터 오른손 엄지손가락이 약간씩 부어오르더니, 조금만 부딪혀도 아파서 손가락을 쓰기가 매우 불편했다. 파스나 약을 바르면 괜찮을 거라고 생각하고 열심히 약을 발랐다. 바쁜 일이 있어 병원 갈 짬이 나지 않아 차일피일 미루었더니, 점점 심각할 정도로 통증이 심해졌다.

결국 한 달 만에 병원에 갔더니 의사가 양쪽 손 모두 엑스레이를 찍어야 한다고 했다. 엑스레이 결과 양쪽 엄지손가락 부위의 관절이 손상된 것으로 나타났다. 왼손과 오른손이 똑같은데, 아직 왼손 엄지손가락은 통증이 심하지 않을 뿐이라는 것이다. 의사는 너무 많이 써서 그런 것이라고 하면서 일반적으로 컴퓨터를 많이 사용하는 사람에게 오는 것으로 관절에 문제가 생긴 것이란다. 낫는 보장은 없고 조금 속도를 줄이도록 조심하는 방법밖에 없다고 하였다. 의사에게 "나는 아직 젊어서 그럴 리가 없다."고 말하니, 의사가 어처구니없어 한다. 염증약을 먹고, 손가락 보호대로 보호를 해 주니, 조금은 살 것 같다.

어쨌든 엄지손가락이 아프고 나서야 엄지의 역할이 얼마나 큰지를 실감했다. 옷을 입을 때는 말할 것도 없고, 작은 손빨래 하나 하는 것도 힘들다. 운전할 때 기어를 당길 때도 힘들고, 음료수 병뚜껑을 딸 때도 힘을 가할 수 없으며, 하다못해 젓가락질 또한 쉽지 않은 등 불편한 일이 한두 가지가 아니었다. 아마 어느 부위나 마찬가지일 것이다. 몇 년 전 무릎이 아파 앉고 설 때나 계단 오를 때, 빨리 걸어야 할 때조차도 자유롭게 움직일 수 없어 힘들었던 일이 떠오른다.

육신의 장기 하나하나도 각각의 역할이 있으며, 손가락 마디마디도 각각의 역할이 있고, 발가락 마디마디도 각자의 역할이 있다. 하나의 장기나 몸의 구조가 역할을 못해 준다면, 모든 것에 영향을 미칠 뿐만 아니라 마음까지도 편치 못하다.

이 세상 모든 이치도 그러할 것이다. 가정에서 엄마는 엄마대로, 아빠는 아빠대로, 자식은 자식대로 그 역할이 있다. 한 사회도 그러하고, 한 나라도 사람들마다 역할을 해 주기 때문에 세상이 돌아가는 것이다. 엄지손가락의 반란을 통해 신체 각 부위가 얼마나 소중한 존재이며, 어떤 물건이든 어떤 사람이든 그 위치에서 소중한 역할을 하고 있음을 새삼 깨닫는다.

길 잃은 양 한 마리

　　임제종의 반규盤珪(1622~1693) 선사는 깨달음이 높은 경지에 이른 선사이다. 스님의 명성만큼이나 문하에 제자들이 많았다. 참고로 반규는 입적 직전에 결제를 주관했는데, 용문사龍門寺에 1300여 인의 승려들이 모여들 정도였다고 한다.

　　많은 스님들이 함께 살다보니, 다양한 스님들이 있었다. 반규 스님 제자 가운데 도벽이 있는 스님이 있었다. 한번은 그 스님이 법회 현장에서 물건을 훔치다 붙잡혔다. 여러 스님들이 벌떼같이 일어나 "도둑질하는 스님을 내쫓아야 한다."고 건의했다. 그런데 반규 스님은 한마디로 딱 잘라서 거절했다.

　　스님들은 반규 스님의 말씀을 받아들일 수밖에 없었다. 그러던 얼마 후, 반규 스님이 큰 법회를 주관해 법문하는 일이 있었다. 수많은 스님들이 중회衆會에 모여 반규 스님의 법문을 듣고 있었다. 모든 이들이 설법에 정신을 쏟고 있을 때, 도벽이 있는 스님이 또 물건을 훔치는 일이 발생했다. 한 승려가 소리를 지르며, 그 스님을 망신 주었다. 현장에서 범행을 들키게 되었으니, 그 스님은 더 이상 할 말이 없었다. 이번에도 스님들이 반규 스님에게 항의했다.

"스님, 스님도 보셨듯이 한두 번도 아니고, 우리도 곤혹스러울 때가 많습니다. 저 스님을 내쫓아야 합니다. 이번에도 스님이 저 도둑질하는 스님을 내쫓지 않으면, 우리가 떠나겠습니다."

이렇게 강력히 항의하며, 스님들이 짐을 싸서 나갈 채비를 하였다. 이때 반규 스님이 이런 말씀을 하셨다.

"그대들이 모두 떠난다고 해도 나는 저 한 사람만을 남겨 놓을 것이다. 사실 그대들은 똑똑해서 옳고 그름[是非]을 분명하게 구별할 수 있지 않은가?! 그대들은 이 절을 떠나 어디를 가더라도 수행할 수 있지만, 옳고 그름을 분별하지 못하는 저 사람을 내가 여기서 쫓아내면 어느 누가 받아 주겠느냐? 그래서 그대들이 모두 이 절을 떠난다 해도 나는 저 스님을 결코 포기할 수 없다."

반규 스님의 이 말을 듣고 도벽이 있는 스님은 깊이 참회하고 다시는 물건을 훔치지 않았다. 물론 다른 스님들도 반규 스님에게 참회하였다.

「마태복음」에 이와 유사한 구절이 있다. 100마리의 양을 갖고 있는 목자가 한 마리를 잃어버리면 99마리를 광야에 놓아둔 채 잃어버린 한 마리 양을 찾는다는 내용이다. 필자도 이 내용에 충분히 공감이 간다.

필자가 학인시절, 운문사승가대학에 있을 때에 비슷한 경험을 하였다. 함께 공부하는 스님 중에 좋지 않은 행동을 하는 스님이 있었다. 아직 승려가 된 지 얼마 안 된지라 행동이 머트러운 이들이 간혹 있다.

한방에서 한 학년의 스님들[40명]이 함께 살아야 했던지라 여기저기서 불만이 쏟아졌다. 급기야 스님들이 학장스님[명성스님, 현 운문사 회주]의 방 앞으로 몰려가 "그 스님을 쫓아내야 합니다. 그 스님 한 사람만 내보내면 공부하는 면학 분위기도 좋아질 것입니다. 대大를 위해 소小를 희생해야 합니다."라는 취지로 집단행동을 하였다. 그런데 당시 학장스님은 한사코 반대했다.

"자네들은 이제 출가한 지 얼마 되지 않았다. 그 스님이 여기서 구제 받지 못한다면 어디 가서 구제를 받겠는가? 자네들이 그 스님을 불쌍히 여기고 잘 돌봐주어라."

그래도 우리들은 강경하게 나왔고, 학장스님이 눈물까지 보이고 나서야 데모를 철회하였다.

30년이 넘은 일인데도 생생히 기억된다. 필자도 오랫동안 학생들을 지도하면서 나름대로 교육관이 있다. 곧 '엄격한 처벌만이 능사가 아니라, 한번은 용서해 기회를 주자!'이다. 인간은 나약한 존재인지라 누구나 실수를 한다. (말만큼 쉽지 않지만) 마음의 문을 열고, 상황에 따라 용서와 기회를 베풀면 어떨까 싶다.

누군가 아프면 서로서로 간호해 주고 보살펴 주어라.
오늘 이후로 병든 비구가 있거든
스승이 제자를 간호하고 보살피되 자식처럼 하고,
제자는 스승을 간호하되 부모와 같이 모셔라.

마지막 사랑

"옛 도반〔친구〕을 찾아가 보니, 마음이 아프다.

해 지나도 그저 홀로 열반당〔병실〕에 누워 있으니,

찾는 사람 하나 없고, 터진 창살이 쓸쓸할 뿐이다.

화로 속에 차가운 재, 방바닥에 앉으니 찬 기운이 감돈다."

"병든 뒤에 몸뚱이가 고통인 줄 알게 되나니,

건강할 때 부지런히 남을 위해 헌신하소."

　　　　　　　　　　　　　　　　　-『치문』3권 293

　　앞의 내용은 어느 스님이 옛 친구를 찾아갔다가 병들
어 누워 있는 모습을 보고 안타까운 심정을 읊은 시 구절이다.

부처님 재세 시에도 이런 일이 있었다. 한 수행자가 간밤에 복통이 나서 설사를 하고 탈진 상태가 되었다. 그 수행자는 몸을 가눌 수 없을 만큼 병이 깊어 길에 쓰러져 있었다. 부처님께서 그 모습을 보고 제자 아난에게 물을 길어 오게 해서 병든 비구의 몸을 씻겨 주었다. 그런 다음 부처님은 병든 비구의 머리를 들고 아난은 두 다리를 들어 침상에 눕혔다. 부처님께서 비구들에게 말씀하셨다.

> "그대들은 출가 수행자로서 병이 나도 간호해 줄 부모·형제도 없는데, 누가 간호해 줄 것인가? 누군가 아프면 서로서로 간호해 주고 보살펴 주어라. 오늘 이후로 병든 비구가 있거든 스승이 제자를 간호하고 보살피되 자식처럼 하고, 제자는 스승을 간호하되 부모와 같이 모셔라. 서로서로 아끼고 사랑하며 받들어 공경하라."
>
> - 『사분율』

독자님들께서 이 내용을 접하면서 '스님들도 그렇게 살아가나?' 하고 의아할 것이다. 스님들의 삶도 일반인들의 삶과 비슷하다. 병으로 아플 때도 많은데, 특히 홀로 살면 돌봄을 받지 못하는 경우가 있다. 그래서 서로서로 보살피라는 부처님의 지극한 말씀이 더욱 가슴에 다가온다.
　그런데 비단 이런 문제는 혼자 사는 스님들만의 것이 아닐 듯싶다. 요즘 일반인들의 경우, 혼자 앓다가 고독사하는 경우가 부지기수다. 게다가 이 고독사가 노년층에 한정되지 않고, 젊은 층도 적지 않다는 점이다. 일전에 30대 중반 여성이 고독사한 지 두 달이 지나 백골이 되어 발견되기도 하였다.

고독사가 뉴스화될 때마다 사각지대에 놓인 사회복지를 한탄하고 국가의 사회 구조를 지탄한다. 하지만 꼭 그렇게만 생각할 수 없다고 생각한다. 고독사가 늘어나는 것은 개인주의가 발달하고, 개인 사생활 보호라는 명목으로 이기주의가 팽배한 점도 한몫하기 때문이다.

고독사와 정반대 이야기가 있다. 근자에 미국에서는 죽음을 앞둔 이들이 병원에서 가족과 벗들에 둘러싸여 맥주를 마시며, 행복하게 웃으며 임종하는 사진과 내용이 sns를 타는 일이 유행처럼 번지고 있다. 미국 호스피스 재단의 케네스 도카 박사는 "생을 마감하는 순간에 평생 사랑했던 누군가와 함께하며, 그 순간의 의미를 공유하면서 웃으며 떠나는 일"이라고 하며 죽음의 미를 말한다.

어느 누군들 홀로 죽는 순간을 원하겠는가?! 하지만 현실이 자신의 뜻과 맞지 않은 것을 어찌하랴! 자! 그러니 주위의 고독한 이들에 대해 한번쯤 생각해 보자. 설령 피붙이 식구가 아닐지라도 서로 마음의 문을 열고, '나'··'너'가 아닌 '우리'라는 의식을 가져보자. 표현은 하지 않아도 그대의 손길을 기다리는 간절한 이들이 가까이 있을지도 모르지 않는가?!

아낌없이 주는 나무

　　김남조 시인의 시를 읽으면서 만감이 교차했다. 비[雨]가 내리면서 되받을 것을 바라지 않는다는 무상無償을 시로 표현한 김남조 시인에게 경외감마저 일었다. 비처럼 사람이 살면서 아무런 조건 없이 아무런 바람 없이 상대에게 베풀 수 있을까? 쉽지 않은 일이다. 솔직히 부모 자식 간에도 아무런 바람 없이 무조건 베푸는 일이 쉽지 않다. 베풂뿐만 아니라 어떤 행동이든 관념[相]을 두지 않는 일이 어려운 것 같다. 중국 위진 남북조 시대, 청담사상淸談思想이 유행했을 때 많은 이들이 은둔을 했었다. 그런데 이 은둔자들조차도 누군가 자신이 은둔한다는 것을 알아주기를 바랐다고 하니….

　　「마태복음」에도 "오른손이 하는 일을 왼손이 모르게 하라."

고 하였고, 불교에서는 대가 없이 베푸는 행위를 '무주상보시無
住相布施'라고 한다. 『금강경』에 제자 수보리가 부처님께 이런
질문을 한다.

"어떤 마음 자세를 갖고 살아야 합니까[應云何住]?"
"수보리야, 수행자는 어떤 현상[法]에 집착 없이 보시해야 한
다. 무엇인가 바라거나 관념을 두지 않고 베풀어야 한다[無住
相布施]. 이런 마음으로 보시를 행한다면 매우 무궁무진한 복
덕을 받을 것이다."

- 『금강경』 4품

이 무주상보시를 『금강경』에서 찾아보면, '응무소주應無所住
이생기심而生其心'과 똑같은 구조이다. 이 구절을 듣고, 6조 혜
능(638~713)이 출가하게 된 데서 유래하여 『금강경』이 선종[우
리나라 조계종은 선종]의 소의경전이 되었다. 집착 없는 무심無心
[無住相]의 경지란 수행에서 나올 수 있는 힘이요, 경지이다.

이런 종류의 원고를 쓸 때마다 늘 떠오르는 분이 있다. 필자
의 멘토인 원해당圓海堂 홍륜(1943~2015) 스님이다. 스님께서
는 필자의 처녀작부터 시작해 돌아가시기 전까지 내가 쓴 책을
꼼꼼히 읽으셨고, 운문사에서 학인들에게 법공양까지 해 주셨
다. 늘 염려해 주고 이끌어 주신 인생의 지음知音이었다.

그런데 스님은 내게만 그렇게 베푼 것은 아니었다. 운문사에

서 상주하는 동안 학인들의 어머니처럼, 진심으로 제자를 염려해 주신 분이다. 일반적으로 누군가 세상을 떠나면, 상주를 보고 인사가는 것이 상례이다. 그런데 스님이 입적했을 때는 수많은 제자들이 문상을 와서 눈물지었다. 이심전심이라고, 스승의 진심[無心]이 제자들의 가슴에 각인되어 있어서이다.

이런 스님이 또 한 분 있다. 경기도 과천 S사, 작은 절의 노스님이다. 노스님의 상좌가 필자와 20여 년의 인연이라 종종 스님의 근황을 듣는다. 출가 전에 영문학을 전공한 분으로 묵묵히 수행하며 살고 계시다.

노스님은 세납이 90대 후반인데도 얼굴 피부가 아기처럼 뽀얗게 곱다. 스님의 마음 쓰임이 살결에도 배어 있는 듯싶다. 상좌를 전적으로 신뢰하는 스님은 20여 년 전에 상좌에게 사찰의 모든 것을 위임하고, 무엇을 하든 어떤 것을 하든 제자 편에 서서 베풀고 있다. 스님은 필자에게도 "형운이는 열 제자 부럽지 않은 사람이다."라고 하실 만큼 무심으로 베푸신다. 그러니 제자 또한 외출했을 때도 늘 스님을 염두에 둔다. 일반인이라면 아마 효부상을 받았을 것이다.

아낌없이 주되 보답을 바라지 않는 것, 공을 세웠으되 누군가 알아주지 않아도 된다는 쿨(cool)한 마음이 어디 쉬운 일인가?! 대체로 자신이 준 것만큼 받지 못하면 억울해하고 한탄한다. 사람 간에 다툼이 발생하는 것도 이런 되갚음을 받지 못하는 데서 오는 한풀이가 적지 않다. 주고도 바라지 않는 마음 씀이 고귀한 행위인 것은 자명한 일이다. 정신적이든 물질적인 것이든 베풀고 그것에 관념 두지 않는 순수한 행위란 쉽지 않은 일, 닮으려고 노력하다 보면 언젠가는 반드시 닮아질 것이다.

참 실상實相을 보는 것, 이것이 깨달음이다.
그래서 황벽은 '산은 산이요, 물은 물이다.'라고 오도송을 읊은 것이다.
높은 그 경지가 아니더라도
상대를 있는 그대로 보려는 연습이라도 하자.

있는 그대로 사랑하라

　　근자에 해외토픽에 '선생이 제자를 교화한 이야기'가
소개되었다. 미국 오리건 주의 포틀랜드에 위치한 파크로즈 고
등학교에서 한 남학생이 극단적 선택을 하려고, 수업 중 엽총
을 들고 나타난 사건이다.

　이 학교 3학년에 재학 중인 한 남학생이 여자 친구와 헤어진
뒤 심한 우울증에 시달렸다. 그날은 학교도 가지 않고 집에 틀
어박혀 있다가 어머니가 있는 집에서 자살할 수 없다는 생각만
으로 총을 들고 학교로 왔다. 왜 굳이 학교까지 와서 자신을 자
해하려고 했는지는 모르겠지만, 사랑하는 여학생이 같은 학교
학생이 아니었을까 추측된다.

　총을 들고 있는 학생을 보고, 학생들이 뛰쳐 나오며 소리를

지르자, 이 소식을 들은 축구팀 코치 키아난 로우(27) 선생님이 교실로 들어갔다. 선생님은 학생이 초췌한 상태로 총을 들고 서 있는 모습을 보고, '괜찮다! 괜찮다!' 하며 천천히 다가가 학생을 와락 끌어안았다. 그러자 남학생은 선생님의 진심어린 마음을 느끼고 총을 떨구었다. 이후 선생님은 총을 든 학생에게 "인생은 살 만한 가치가 있기 때문에 널 구하고 싶었다."라고 전했다. 이 남학생은 36개월의 보호 관찰과 더불어 정신과 치료를 받을 거라고 한다.

자칫 비극으로 끝날 뻔한 일이다. 필자는 제자에 대한 선생님의 헌신에 대해 언급하려는 뜻이 아니다. 학생이 고통과 회의에 빠져 총을 들고 있는 모습만을 보고, 혹 선생님이 물리력으로 그 친구의 총을 빼앗거나 제지하려고 했다면 더 큰 사고로 이어졌을지도 모른다.

"총을 든 학생 = 불량 학생 = 문제 학생"

일반적으로 이런 공식으로 보는 일이 다반사다. 인간은 때론 더 이상 나아갈 수 없는 고통 길에 헤맬 때가 있다. 잠시 고난에 빠져 심신 미약 상태가 되기도 하는데, 이런 상태가 그 사람의 본 모습이 아니다. 그런데 우리들은 단순히 눈에 보이는 현상만을 볼 뿐, 있는 그대로의 참 모습을 보지 못한다. 우리는 사람을 보고 평가할 때 상대를 곡해해서 보고, 자신의 잣대대로 상대방을 저울질한다. 더 나아가 자신의 사고에 갇혀 자신의 관점대로 점수를 매긴다.

스승과 제자 사이의 선문답으로 이런 내용이 있다.

당나라 때의 청평영준清平令遵이 취미무학翠微無學 선사에게 물었다.

"스님, 저는 출가한 지 오래되었지만, 불교의 근본이 무엇인지를 모르겠습니다."

취미 선사는 청평에게 속삭이듯이 말했다.

"주위 사람들이 아무도 없을 때, 네게만 말해 줄게."

시간이 한참 지나 주위에 사람이 모두 사라졌을 때, 청평이 취미 선사에게 말했다.

선사는 제자를 끌고 대나무 숲속으로 가더니, 대나무를 가리키면서 말했다.

"이쪽 대나무는 큰데, 저쪽 대나무는 가늘고 작지 않느냐?"

있는 모습 그대로 보는 것이 불법의 진리이다. 17세기 일본의 반규盤珪 선사는 '선禪'에 대해 이렇게 말하였다.

"여러분들이 오늘 여기 모인 것은 내 말을 듣기 위해서입니다. 그러니까 내 말이 여러분의 귀에 들릴 것은 당연한 일이지요. 지금 밖에서 멍멍 하고 개가 짖었는데 여러분들은 그

것을 다 들었을 것입니다. 들으려고 생각하지 않아도 또 들으려고 노력하지 않아도 개가 멍멍 하고 짖으면 곧 멍멍 하고 듣는 것, 이것이 불심佛心인 것입니다."

참 실상實相을 보는 것, 이것이 깨달음이다. 그래서 황벽은 '산은 산이요, 물은 물이다.'라고 오도송을 읊은 것이다. 높은 그 경지가 아니더라도 상대를 있는 그대로 보려는 연습이라도 하자. 상대를 곡해하기 때문에 문제를 더 크게 만든다.

쟁우鎗友

　누구나 어떤 사람이든 주위에 여러 벗이 있을 것이다. 그렇다면 독자님! 그대 주변에 어떤 부류의 벗들이 있는가? 주위를 둘러보라.

　자신에게 칭찬만 하고 이익을 주는 벗이 있는가 하면, 자신에게 그릇된 점을 지적하거나 충고해 주는 벗도 있을 것이다. 전자도 좋은 친구이지만, 후자도 인생에 꼭 필요한 친구이다. 후자를 쟁우鎗友라고 할 수 있는데, 머리 위에 매달린 경종처럼 자신이 그릇된 길을 갈 때, 인도해 주는 벗이라는 뜻이다. 쟁우는 벗에게 단점을 지적해 주면 불쾌해 할 줄 뻔히 알면서도 기꺼이 충고해 주는 인연이다. 공자는 "진정한 친구는 힘들고 어려울 때 사심 없이 충고해 주고, 남을 위해 헌신할 수 있는 쟁우가 꼭 필요하다."고 말씀하셨다.

『삼국지』에 촉나라[유비]·오나라[손권]·위나라[조조]가 등장한다. 위나라의 조조는 영토 확장을 위해 북방 변방의 오환족을 정벌하기로 마음 먹고 신하들과 회의를 했다. 이때 신하 몇 사람은 "혹 조조가 변방을 정벌하러 갔을 때, 오나라와 촉나라가 쳐들어올지도 모르니 나라를 비우는 것은 매우 위험하다."고 극구 반대했다. 하지만 조조는 과감히 출정해 오환을 정복하고 돌아왔다.

전쟁에서 돌아온 조조는 신하들을 모두 불러 놓고 상을 내렸다. 그런데 전쟁터에 함께 나가 오환족을 점령했던 장군들에게만 상을 내리는 것이 아니라 정벌을 극구 반대했던 신하들에게도 똑같이 포상했다. 실은 전쟁에 반대했던 신하들은 죽음을 당하거나 경책 받을 것을 각오하고 있었는데, 오히려 포상을 내리니 의아할 수밖에 없었다. 이때 조조가 말했다.

"변방 북방 정벌은 위험한 도박이었다. 나는 운이 좋았고, 하늘이 도와주었다. 반대한 신하들도 내게 충고를 해 주었으니 신하로서 당연한 일을 하였다. 앞으로 누구라도 소신 있는 의견을 내야 할 것이다."

과연 이 글을 읽는 독자님들은 조조처럼 할 수 있을까? 사회에서나 가정에서 자신의 의견에 반대하고 부정적인 표현을 하면, 상대를 비난하고 내치는 것이 일반적이다. 참으로 간사한 것이 인간의 마음이다. 자신을 칭찬하거나 아부하는 이에게는 후한 점수를 매긴다. 나이 들어갈수록 지혜로워야 하는데, 충고를 받아들이지 못하고 중심을 잃어가고 있다.

역사에도 도원결의[유비·장비·관우]나 관포지교 등 좋은 우정만 전한다. 불교에서도 부처님의 십대 제자인 사리불과 목련존자처럼 우정이 깊었던 도반의 이야기가 전해져 온다. 두 분이 부처님의 제자가 되기 전에 "누군가 좋은 선지식을 먼저 만나면, 함께 찾아가자."는 약속을 했었다. 사리불 존자가 먼저 부처님을 알고, 목련존자를 이끌어 함께 불교 교단에 들어간 것이다.

다시금 마음을 다져보자. 자신에게 충고해 주는 벗에게 담을 쌓거나 나쁜 마음을 가질 것이 아니라 자신을 키워 주는 벗으로 여기자. 반면 자신을 칭찬하거나 아부하는 벗에게는 한발 물러나 일의 정황을 관조해 보자. 좋은 벗만이 나를 키워 주는 게 아니다. 내게 충고하고 지적해 주는 벗이 나를 더욱 발전시켜 준다는 것을 마음에 새기자.

마음 농사

　　근자에 이런 뉴스가 화제가 되었다. 30대 여자[세입자]가 건물주와 수개월여 동안 집 문제로 말다툼이 있었다. 세입자가 몇 달 전에는 건물주 가게의 기물을 파괴해 법적 책임을 졌다고 한다. 그러다 급기야 그녀[세입자]가 가게로 자동차를 돌진해 들어가 그곳을 쑥대밭으로 만들었다. 이 장면이 뉴스에 그대로 방영되었다. 그 장면을 보면서 충동 조절에 문제가 있다고 생각했다. 사람이 살면서 마음 조율[미움→용서로]이 쉽지 않다. 하지만 혼자 사는 것도 아닌데, 내 욕심대로, 내 욕망대로 살 수 있는 세상인가?

　　당나라 때, 유명한 선사 마조(709~788)가 지나다 제자 석공

혜장(생몰 미상, 사냥꾼 출신)을 보고 물었다.

"무엇을 하느냐?"

"소[牛]를 돌보고 있습니다."

"어떻게 돌보고 있느냐?"

"한번이라도 어리석거나 미혹한 데로 떨어지면 단번에 코끝을 잡고 끌어당깁니다."

"너는 소 기르는 법을 제대로 알고 있구나."

『유교경』에도 "마치 목동이 막대기를 쥐고 소를 단속해 소들이 남의 곡식을 함부로 훼손하지 못하도록 단속해야 하는 것처럼, 수행을 잘하기 위해서는 5근[눈·귀·코·혀·몸]을 잘 제어하고, 욕망이나 욕심에 빠지지 않도록 단도리를 잘해야 한다."고 하였다.

여기서 소는 인간이 제멋대로 하고자 하는 인간의 번뇌를 말한다. 곧 남을 미워하는 마음, 사람을 함부로 하는 만용, 자기기만 등 모든 나쁜 생각과 행위를 말한다. 농경사회에서는 농부가 야생이나 다름없는 소를 잘 길들여야 한 해 농사가 잘 되는 것처럼, 수행자도 악한 성품을 잘 다스려 인격 완성[깨달음]으로 나아가야 한다. 선禪에서 번뇌를 돌이켜 해탈로 나아가는 과정 과정을 그림으로 잘 묘사한 것이 십우도十牛圖이다.

저 사람이 밉다고, 용서할 수 없다고, 나를 화나게 만들었다고 폭력을 행사하거나 피해를 끼칠 수는 없다. 앞의 세입자로 말한다면, 그 피해는 상대방과 자신, 그리고 자신을 둘러싼 가족들에게도 엄청난 피해를 끼친 것이다. 그러니 우리 삶에서 자신의 감정을 잘 조율해야 할 부분은 '용서'라고 본다.

어느 의학계에서 용서하지 못하고 분노에 차 있을 때, 건강에 큰 문제가 발생한다는 발표가 있었다. 복수의 칼날을 가는 것보다 용서하는 것이 신체적으로 건강에 좋다는 연구 결과이다.

미국 메이요 클리닉[Mayo Clinic, 미국 미네소타주에 본부를 둔 종합병원] 연구팀에 따르면, "다른 사람을 용서하지 못하고 미워하는 감정을 갖고 있으면 혈압과 심장박동 수를 높여 심장 혈관 건강을 해친다."고 하였다. 또한 용서하지 못하는 감정은 "근육을 긴장시키고 감정 조절 능력을 떨어뜨려 신경계에도 나쁜 영향을 준다."고 하였다. 한편 반대로, "상대를 용서하면 마음이 편해지면서 긍정적인 사고를 하도록 뇌를 도와준다."는 것이다. 그러면서 용서하지 못할 때 몸에 미치는 나쁜 것들이 사라지는 것으로 관찰되었다는 보도이다.

그러니 용서하는 일이 얼마나 중요한 일인가? 그러면 어떻게 용서해야 하는가?

우선 내 마음이 괴롭고 상대를 미워하게 된 원인이 무엇인지 상황을 인식해야 한다. 즉 내 욕망대로 화를 내는 소[牛]가 왜 함부로 날뛰었는지 상황을 파악하는 것이다. 이때 자신을 객관화시켜 앞에 내어놓고 살피는 것도 괜찮다.

결국 내가 화가 났지만, 상대방이 문제가 아니라 자기 자신이 문제임을 인지하는 것도 중요하다. 그러다보면, 자연스럽게 상대방을 용서하는 마음이 생긴다. 언젠가 자신도 어느 누군가를 화나게 했고, 용서 받기를 원했던 경험을 떠올리면, 상대방에게 연민심이 생길 것이다. 용서는 상대를 위한 것이 아니라 곧 자기 자신을 위한 것이다.

일등 · 중등 · 하등?

중국 하북성河北省 성덕군成德郡의 절도사 조왕趙王
이 조주종심趙州從諗(778~897) 스님을 찾아왔다. 마침 조주 스
님은 선상禪床(스님들이 참선하기 위해 앉는 높은 의자) 위에 앉아
있었다. 스님은 선상에서 내려오지 않고 조왕에게 말했다.

"소승이 어려서부터 일을 많이 해 노쇠해서 선상에서 내려
오기 힘듭니다."

조왕은 조주 스님의 이런 행동에도 정중히 예를 올리고 법
을 물었다. 왕부로 돌아온 다음 날, 조왕은 한 장군에게 명을
내려 조주 스님에게 선물을 보냈다. 장군이 와서 조주 스님에
게 예를 올리자, 조주 스님은 선상에서 내려와 정중하게 그를
맞이했다. 이 점을 괴이하게 여긴 제자가 선사에게 물었다.

"스님, 어제 절도사가 왔을 때는 선상에서 내려오지도 않더니 오늘 장군이 오니까 선상에서 내려와 영접하시네요."

"일등 가는 사람이 오면 선상에 앉아 맞이하고, 중등 가는 사람이 오면 선상에서 내려와 맞이해야 한다. 하등 가는 사람이 오면 대문 밖까지 나가 맞이해야 한다."

조주 스님이 40여 년 조주 관음원에 있는 동안 조왕은 몇 차례 스님을 왕부王府로 청했으나 나아가지 않았다. 또한 조왕은 조주에게 사찰을 지어 공양 올렸으나 이 또한 받지 않았다. 이런 조주 스님의 덕성을 알고 있던 조왕이 소종昭宗(888~904 在位) 황제에게 상소를 올려서 조주 선사는 가사와 진제 대사眞際大師 시호를 받게 되었다.

일전에 95세로 입적하신 서울 정각사 광우 스님 문상을 다녀왔다. 합장을 하고 있는 스님의 영정사진 모습에 마음이 갔다. 스님이 왜 합장하고 있는 모습인지는 나중에 알았다. 5년 전 스님 세납 90세 때, 노환으로 예전 같지 않아서 영정사진을 찍었다고 한다. 그런데 스님께서 자꾸 손을 얼굴까지 올리며 합장하셨다고 한다. 제자들이 손을 내리시라고 극구 말려도 스님께서 합장하시면서 "(미천한) 나를 찾아오는 귀한 분들인데, 웃으면서 맞이해야지!…"라고 하셨다고 한다. 참고로 합장이란 두 손바닥을 합치는 것으로, 상대에 대한 '공경'을 의미한다.

필자는 그 말을 듣는 순간 『법화경』의 상불경보살을 떠올렸다. 상불경보살은 어떤 사람을 만나든 합장하고 인사하면서 이런 말을 하였다.

"당신을 존경합니다. 당신은 부처님이 될 위대한 존재니까요."

스님은 살아생전 늘 『법화경』을 독송하고, 사경하며, 직접 번역하여 출판도 하셨다. 또 장례식장에서 만난 지인이 들려준 이야기가 있다. 스님께서 입적하기 몇 년 전부터 누가 와서 인사를 올리면, 연신 "감사합니다."라는 말씀을 반복하셨다고 한다.

글 첫머리에서 거론했던 조주 스님은 왕이 오든 하인이 오든 똑같은 마음으로 대했을 것이다. 굳이 왕이 왔다고 해서 고개를 숙일 필요도 없고, 하인이라고 하대하지도 않고 평상심으로 대했음을 의미한다. 아니 조주 스님께서는 약한 이를 더 애민하게 여겼을 것이다.

대체로 세상 사람들은 강자에게 한없이 약하고, 약자에게 군림하려는 습성이 있다. 아래 사람으로 있을 때 상사로부터 갑질을 당하면 서러웠을 터인데, 자신도 고위직에 오르면 그대로 답습하는 경향이 있다. 보상이라도 받으려는 듯이….

이 세상에 귀하지 않은 존재는 없다. 불교에서는 어느 누구든 성인이 될 자질과 성품을 갖고 있다고 본다. 이 세상 사람들 어느 누구든 다른 사람들로부터 인정받고 대우받기를 갈망한다. 자신이 대접받기를 원하는 만큼 상대방에게, 주변 사람들에게 대접해 주면 어떨까?

울지마, 톤즈

　〈울지마 톤즈〉, 2010년 9월에 개봉한 다큐멘터리 영화이다. 처음에 이 영화를 보면서 참 많이 아파했다. 종교를 초월하여 감동을 주는 이 영화는 이태석(1962~2010) 신부님이 남수단에서 의술 활동을 펼치다 선종한 내용을 중심으로 그려졌다.

　저런 삶이 쉬울까? 필자도 출가 수행자이지만, 나를 위한 삶을 먼저 생각하지 척박한 곳에서 남을 위해 산다는 것은 생각하기 어렵다. 이 영화의 내용은 이태석 신부가 남수단 톤즈 마을에서 어린아이들로 구성된 브라스밴드와 학교를 중심으로 펼쳐진다. 이 신부님은 남수단에서 의사로서 음악 선생으로서 교육자로서 살다가 암이 발병해 돌아가셨다.

　비록 종교는 다르지만 신부님의 삶에 동질감을 느낀다. 불교계 스님들인 경우는 여건이나 기반이 천주교 교단과는 다르기 때문에 쉽지 않은 삶이긴 하다. 어쨌든 이태석 신부님 이야기가 방영된 후 불교계 스님들도 반성하였다. 불교에서는 이태석 신부님처럼 어려운 사람들과 함께 생활하며, 그들을 교화하는 것을 동사섭同事攝이라고 한다.

불교에도 오래 전에 이런 스님이 있었다. 수나라 때 윤주(577 ~654, 우두종의 2세) 스님이다. 윤주 스님은 출가 전에 군인이었다. 그는 수많은 전쟁에서 전공을 세워 40세에 꽤 높은 지위까지 올랐다. 그러던 어느 날, '사람이 사람을 죽여서 영광과 명예를 얻는 군인이 무슨 의미가 있을까?'를 깊이 궁구했다. 사람을 많이 죽일수록 높은 지위에 오르는 군인이라는 점에 환멸을 느끼기 시작했고, 이후 40세가 넘어 출가하였다. 늦게 출가한 만큼 다른 스님들보다 더욱 열심히 치열하게 수행했다.

그러다 깊은 산골에서 참선 삼매에 들었는데, 때마침 큰비가 내려서 스님이 계곡 물에 잠기게 되었다. 이런 와중에도 스님은 태연스럽게 선정 삼매에 들어 있었다. 계곡물이 자연스럽게 줄어들었다. 이때 지나던 사냥꾼이 이 모습을 보고, 스님에게 감동을 받아 엉겹결에 스님을 향해 합장하였다. 또한 사냥꾼은 자신의 사냥 업을 반성하고 참회하였다.

스님이 출가한 지 몇 해가 지난 어느 날, 옛 군인 친구들이 찾아왔다. 그들은 옛 전장에서 함께 한 동료들로서 스님에게 이렇게 말했다.

"미쳤느냐, 자네가 뭐가 아쉬워서 이런 산 속에서 고행을 한단 말인가? 그대가 다시 군인의 길을 걷는다면 반드시 성공할 것이오. 다시 세속으로 돌아오라."

군인 친구들의 강권에도 불구하고 스님은 출가수행을 지속했다. 세월이 한참 흘러 스님은 법을 제자에게 물려주고, 석두성石頭城[江蘇省 南京 淸涼山]으로 들어갔다. 석두성은 나인들의 주거 집단인 나인방癩人坊을 말한다. 우리나라도 소록도에 나인들이 모여 살고 있다. 나병을 한센병이라고도 하는데 우리에게 익숙한 단어는 문둥병이다. 하늘이 내린 천형天刑이라고도 한다. 이 병을 갖고 있는 분들이 있어 단어조차 표현하는 것이 죄송스럽다.

스님은 석두성에서 나인들과 함께 생활하며 그들에게 진리를 설해 주고, 그들의 옷을 빨아주며, 그들과 함께 머물다가 그곳에서 돌아가셨다. 스님이 입적한 뒤에 스님의 안색은 생전처럼 살아있는 것 같았고, 스님이 머물던 방에는 기이한 향기가 풍겼다는 내용이 전한다.

인간은 만물의 영장이다?

　　청나라 말기 허운(1840~1959) 스님이 운남성 대리大理
만수사에 머물고 있을 때의 일이다. 한낮에 갑자기 황소 한 마
리가 사찰로 뛰어 들어왔다. 이어서 황소 뒤에 5~6명의 백정이
헐레벌떡 따라 들어왔다. 이 황소는 도살장으로 끌려가던 중
탈출해서 사찰로 들어온 것이다. 허운 스님은 그들에게 말했
다.

　"황소도 불성佛性이 있어 부처님의 보호를 받고자 이곳에
찾아온 것이니, 내가 대신 소 값을 지불하면 어떻겠습니까?"

　스님은 백정들에게 소 값을 계산해 주고, 소에게 계를 설해
주며 이렇게 말했다.

　"네가 전생에 나쁜 업業으로 이번 생에 축생이 되었으니, 부

처님 경전을 싣고 내가 사는 축성사로 돌아가 사찰 도량에서 나와 함께 살도록 하자."

며칠 후 스님은 수백 킬로 떨어진 사찰까지 황소를 끌고 갔다. 이후 황소는 사찰 도량에서 자유로이 살다가 죽었는데, 스님은 후하게 장사를 치러주었다.

위 내용은 필자가 10년 전에 저술한 『허운 평전』에서 발췌한 것이다. 얼마 전 주한미군 군산기지에서 8년간 순찰업무를 수행해 온 군견이 죽어 장사를 지내주는 사진을 인터넷에서 본 일이 계기가 되어 간만에 허운 스님이 황소를 구제한 내용이 떠올랐다.

작년 6월 미 군사전문지 성조지에 따르면, 미군 군산기지는 페이스북 공식 계정을 통해 군견 '오이비'가 병사했다고 밝히며 장례식을 개최한 소식을 공지했다. 참석자 전원은 정복을 착용하라고 당부했다고 한다. 존 휘스만 병장은 "우리는 오이비를 살리기 위해 노력했지만, 결국 오이비는 숨을 거두었다. 개에게 '감사하다'는 인사조차 못했다."며 아쉬워했다. 또 오이비는 기상 악조건 속에서도 매일같이 우리를 안전하게 지켜 주었다며 고마움을 전한 미군도 있었다.

미 텍사스 주 랙랜드 공군기지에서 첫 임무를 맡았던 오이비는 지난 2011년 군산기지에 배치돼 8년 간 폭발물 탐색과 기지 순찰업무 등을 수행해 왔다. 오이비는 2018년 평창 동계올림픽, 2017년 문재인 대통령을 위한 경호 작전에도 투입되었다고 한다.

인터넷에 올라온 사진을 자세히 설명하면, 마치 사람 장례식처럼 미군 몇 명이 오이비에게 미국 국기 성조기로 몸을 덮어주고, 거수경례로 마지막 인사를 나누는 모습이었다.

앞에서 불성에 대해 언급했는데, 불성이란 모든 중생이 석가모니 부처님처럼 깨달을 수 있는 본 성품을 갖고 있다는 뜻이다. 『아미타경』에 "조류와 식물들도 진리를 듣는 데 익숙하다.", 『열반경』에서는 "초목국토인 무정물도 다 성불한다[草木國土 悉皆成佛]."고 하였다. 실은 축생이나 식물은 깨달을 수 없지만, 불교 경전에서는 축생과 식물이 모두 불성을 갖고 있다고 한다. 동식물일지라도 생명이 소중하다는 것을 뜻하는 말이다.

근자에 제주도에서 경주마로 실컷 부리다가 막대기로 잔인하게 말을 때려죽이는 장면이 미국 어느 방송에서 방영된 일이 있다. 또한 군견이 늙어 활동을 못하자, 아무데나 방치해 죽게 만들거나 실험용으로 쓰는 경우도 있었다. 군견이나 경주마는 평생 사람을 위해 살았는데, 쓸모가 없다고 잔인한 방법으로 죽이는 것은 예의가 아니다. 어떤 존재든 생명을 함부로 해서는 안 될 것이다. 자신의 생명과 견주어 보라. 자신의 생명이 존귀하듯이 모든 생명 또한 존귀한 법이다.

완벽한 인간은 없다.
100% 착한 사람도 없지만 100% 악인도 없는 법,
오십보 백보이다.
진정한 사랑과 우정을 만들고자 한다면
조금 손해 보는 마음으로 살면 된다.

내가 당신을 사랑하는 것은…

2019년 연말 바티칸에서 성탄 전야 미사 집전에서 교황님이 이런 말씀을 하셨다.

"하느님은 최악의 모습까지 사랑합니다."

누구나 다 알고 있는 평범한 말이지만, 의미 있는 말씀이다. 여기서는 하느님의 모든 존재에 대한 평등한 사랑을 말하지만, 그런 뜻만은 아니라고 본다. 하느님이 중생을 그렇게 사랑하는 것만이 아니라 보통 사람들도 그렇게 사랑할 것을 우리에게 권유하는 거라고 생각된다.

우리는 늘 겉모양으로 사람을 좋아하고, 내게 이익 되는 것을 우선으로 인간관계를 맺는다. 특히 부부간은 더 그럴 것이다. 남녀가 처음 인연을 맺어 부부로 백년가약을 한다. 처음에

는 장점만 보였을 테고, 상대가 모든 것을 희생하면서까지 자신에게 호의를 베풀 것이라고 여긴다. 하지만 살다보면, 어찌 그런가?! 상대의 좋은 모습보다는 단점이 더 많이 드러나고, 어둡고 추한 모습이 더 많이 드러나게 되어 있다.

이런 점은 부부만이 아니라 친구 사이도 마찬가지일 것이다. 가까운 벗도 오래 사귀다 보면, 상대의 단점이 드러나고, 자신에게 이익을 주는 것이 아니라 자신을 손해 보게 하는 일들이 더 많이 생긴다.

그런데 인간관계를 깊게 살펴보자. 부부간은 물론이고 친구 사이에도 그러하다. 상대로 인해 불편하고 자기만 손해 보는 것이라고 착각하며 억울해 하기는 양쪽이 모두 마찬가지이다. 만해 한용운 스님의 '사랑하는 까닭' 시 일부분을 보자.

내가 당신을 사랑하는 것은
까닭이 없는 것이 아닙니다.
다른 사람들은 나의 홍안만을 사랑하지마는
당신은 나의 백발도 사랑하는 까닭입니다.

내가 당신을 그리워하는 것은
까닭이 없는 것이 아닙니다.
다른 사람들은 나의 미소만을 사랑하지마는
당신은 나의 눈물도 사랑하는 까닭입니다.

참으로 의미심장한 시 구절이다. 상대에 대한 진정한 사랑은 상대방의 예쁜 얼굴만이 아니라 백발도 사랑하는 것이며, 예쁜 미소만을 사랑하는 것이 아니라 상대의 눈물도 사랑할 줄 알아야 진정한 사랑이 된다고 시인은 말하고 있다. 곧 상대의 장점만이 아닌 단점도 사랑할 줄 알아야 진정한 사랑이 되는 법이다.

우정 관계는 더할 것이다. 벗으로 인연이 되었다면 믿어주고 기다림도 필요한데, 내 이익만을 바라고 있으니, 서로가 서로를 원망한다. 곧 상대에게 손해 보지 않으려는 심리가 작용하기 때문이다.

인간은 다 비슷하다. 거기서 거기다. 완벽한 인간은 없다. 100% 착한 사람도 없지만 100% 악인도 없는 법, 오십보 백보이다. 진정한 사랑과 우정을 만들고자 한다면 조금 손해 보는 마음으로 살면 된다. 그러면 상대도 그대의 진심을 알아줄 것이요, 주목나무와 같은 100년 사랑, 100년 우정이 만들어 질 것이다. 오랜 인연을 만나 서로의 인생을 나눌 수 있는 것, 인생에서 최고의 성공이 아닐까?!

"여러분들은 성지에 가서
유적 같은 돌들만 보고 돌아가지,
거기에 살고 있는 (살아 있는)
크리스찬과는 만나려고 하지 않아요."

참 예수, 진짜 부처

일본 성공회 신부님의 글을 읽었다. 의미심장한 내용이 있
어, 대략 간추려 글을 정리해 본다. 우리 모두가 한번쯤 사유하
는 시간이었으면 한다.

"나는 팔레스타인 문제에도 깊은 관심을 기울인다. 나와 멀
리 떨어진 곳에 위치한 중동 지역이지만, 간과할 수 없다는
것을 근자에 들었다. 이스라엘과 팔레스타인은 그리스도교
성지이다. 그리스도인이라면 누구나 이 성지를 방문한다. 수
년 전에 나는 팔레스타인 문제에 대해서만큼은 지식으로 알
고 있을 뿐 관심을 두지 않았다. 그런데 우연히 팔레스타인
출신 신부님이 일본에 왔는데, 그를 만나면서 나의 생각의

전환점이 되었다. 신부님[예루살렘 교구의 주교]이 이런 말을 하였다.

'여러분들은 성지에 가서 유적 같은 돌들만 보고 돌아가지, 거기에 살고 있는 (살아 있는) 크리스찬과는 만나려고 하지 않아요.'

나는 이 말을 듣는 순간 머리를 얻어맞은 느낌이었다. 성지에 가서 '예수의 흔적', '그리스도교의 혼'이 담겨 있다고 돌을 만지고 찬양할 뿐 그곳에서 고난 받으며 살아가는 동료[팔레스타인 사람들]에게는 눈을 돌리지 않았음을 자각하였다. 그 이후로 나는 성지순례를 할 때는 현지의 팔레스타인 성공회 신자들과 교류할 기회를 만들었고, 그들의 교회에 가서 함께 기도하며, 대화를 나누었다. 그리고 그 지역의 팔레스타인들을 일본에 초대해 그들이 겪고 있는 고난이나 문제점을 들으면서 분쟁 지역 사람들의 고난에 눈을 뜨게 되었다."

글을 읽고 정리하면서 필자도 많은 생각을 하였다. 불교에서는 "'부처'라는 형상에 집착하지 말라."고 한다. 상相에 집착하거나 관념을 두지 말고 마음의 중요성을 강조하기 때문이다. 당나라 때, 스님 중에 괴팍한 스님이 있었다.

단하천연(736~824)인데, 스님은 만행 도중, 추운 겨울날 낙동洛東 혜림사慧林寺에서 하룻밤을 묵게 되었다. 그런데 불이 들어오지 않는 냉골에서 잠을 자려니 추워서 잠을 잘 수가 없었다. 천연은 법당에서 목불木佛을 내려 쪼개서 불을 피워 따뜻하게 밤을 지새웠다. 다음날 승려들이 예불을 하려고 보니, 불상이 없었다. 마침 부엌에 있던 원주스님이 타다 남은 목불을 발견하고 소리쳤다.

"세상에 이런 법이 어디 있습니까?"

단하천연이 문을 열고나오며 말했다.

"이 절 부처님 법력이 대단하다고 들었는데, 부처님 몸에서 사리가 나오지 않더군요."

"목불에서 무슨 사리가 나옵니까?"

"사리도 없는 부처인데, 불 좀 피워서 몸 좀 녹였거늘 무슨 큰 죄라도 됩니까?"

이 이야기는 '단하소불丹霞燒佛'이라는 공안이다. 독자들께서 절대로 오해하지 않았으면 한다. 법당의 부처님을 함부로 훼손해도 된다는 뜻이 아니다. 법당에 모셔진 불상을 수행하는 표본으로 여기고, 자신의 자성에 비추어 해탈할 것을 중히 여기라는 것이다. 더 나아가 인간도 '살아 있는 부처'처럼 섬기고 존중해 줄 것을 강조한다. 그래서 불교에서는 서로 합장하며, 인사할 때 '성불成佛하세요[부처님 되세요]' 하는 것이다. 필자는 신도들에게 법문할 때, 늘 이런 말을 한다.

"법당의 부처님만 공경하며 섬길 것이 아니라 집에 있는 남편을 부처님처럼 모시세요."

물론 남자 신도들에게도 "집에 있는 부인을 부처님처럼 모시라."고 한다. "금으로 만든 부처님은 화로를 건너지 못하고, 나무로 만든 부처님은 불을 건너지 못하며, 진흙으로 만든 부처님은 물을 건너지 못한다[金佛 不度爐 木佛 不度火 泥佛 不度水]."고 하였다. 형상이란 단순히 그 모습일 뿐이지, 그 형상에 집착하여 최상이고 최고라는 분별심을 갖지 말라는 선禪의 의미이다. 그래서 수행할 때 어떤 형상이나 이론에 집착하지 말라는 뜻으로 부처를 만나면 부처를 죽이고, 조사를 만나면 조사를 죽이라고 하는 것이다.

　　성지에 가서 유적만을 보고, 신불神佛을 찾을 것이 아니라 그곳의 고통 받는 '버림받은 불쌍한 예수', '고통 받는 부처'를 만나는 것이야말로 '참 예수', '진짜 부처'를 만나는 것이다.

어떤 마음으로 살아가는가?!

　　우리나라 조계종은 임제종에서 나온 간화선 위주의 수
행을 하고 있지만, 일본은 조동종의 묵조선이 주된 수행법이라
할 수 있다. 일본 최대 종파인 조동종은 13세기에 개산開山[처
음으로 종파가 만들어짐]되었는데, 바로 도원道元(1200~1253) 선
사에 의해서다.

　　23세의 도원 스님이 송나라로 유학을 떠났다. 도원이 송나
라에 도착해 항주 천동산 경덕사에 머물렀다. 그런데 이곳에서
나이가 많은 전좌[부엌일 담당]인 승용僧用 스님을 만났다. 승
용 스님은 한여름, 햇볕이 쨍쨍 내리쬐는 뙤약볕 아래서 산에
서 갓 따온 송이버섯을 말리고 있었다. 승용 스님은 모자도 쓰
지 않고, 허리가 부러질 것 같은 아픔을 참아가며 일에 열중했

다. 도원이 안타까운 마음에 승용 스님에게 물었다.

"스님, 세납이 어떻게 되십니까?"

"60세입니다."

"이렇게 더운데, 다른 스님들이나 재가자에게 시키지 않고 왜 혼자 일하고 있습니까?"

"스님은 외국에서 온 모양이군. 다른 사람이 일을 한다면, 그건 내가 하는 일이 아니지 않은가?!"

"연세가 많으신데도 수행력이 대단하시군요. 그런데 송이 말리는 일을 조금 시원할 때에 하시면 어떨까요?"

"그렇지 않네. 이 송이버섯은 해가 쨍쨍 더운 날에 말려야 맛있는 송이가 됩니다."

도원은 승용 스님에게서 두 가지 교훈을 얻었다. 첫째는 다른 사람도 싫은 일이 될 수 있는데, 내가 싫다고 다른 사람에게 시킬 수 없는 법, 또한 지금 하고 있는 일에 있어 내 인생 면으로나 수행에 있어 공덕은 내가 짓는 것이다. 곧 다른 사람을 위해서 하는 것은 아니다. 둘째는 (송이를 햇볕이 강할 때 말려야 하듯) 기회는 바로 지금 해야지 시간이 지나면 할 수 없다. 기회가 지나버리면 다시 오지 않기 때문이다.

여기서 말한 두 가지 교훈이란 서로 다른 말 같지만 한 단어로 말하면, '참된 진실'이다. 시간적으로나 공간적으로 인생에 주어진 기회는 한 번이다. 두 번 올 것 같지만 그렇지 않다. 마조(709~788) 선사는 "어디에서든 늘 진실 그대로여야 하고[隨

處任眞], 서 있는 그 자리가 곧 참되어야 한다[立處卽眞]."고 말씀하셨다.

어떤 일에 있어 인생의 좋은 공덕은 자신이 지어야 하는 법이지, 남이 해 줄 수 없다. 가정에서나 사회에서, 그리고 종교적으로 어떤 종교를 믿든 간에 이 점은 상통할 것이다.

다른 방향의 이야기를 하나 할까 한다. 불교에는 천도재 의식이나 49재 제사 의식이 있다. 즉 돌아가신 조상이나 부모가 좋은 곳으로 갈 수 있도록 제사를 지내 주는 의식이다. 종종 이런 질문을 받는다.

"부모님이 돌아가셨는데, 형제가 많아서 자신이 하지 않아도 다른 형제가 제사를 지내 주는데, 굳이 자신까지 제사를 지내야 하는지?"

질문하는 사람이 자기 답변까지 준비해서 물어 본다. 글쎄…? 그런데 필자는 그렇게 보지 않는다. 아무리 형제가 많아도 저마다 부모와의 개별 인연이다. 각각 자신이 공덕을 짓는 일이요, 자신의 효도이지, 다른 형제가 하니까 자신은 안 해도 된다는 것은 자신의 선행善行 공덕을 만들지 않겠다는 뜻이다.

원 글의 취지로 돌아가자. 송이버섯을 햇볕이 강한 시점에 자신의 공덕이라고 생각하고 말리는 것처럼, 어떤 일이든 어떤 사람과의 관계이든 바로 그 자리에서 진실되게 살아가자.

모든 사람과 사물이 다 부처님이니
모든 사람과 모든 사물에
불공을 올리듯이 정성을 다하라.

세상에서 제일 귀한 것

"남에게 고통을 준 대가로 자신이 행복하다면,
그 재앙은 오히려 자신에게 돌아가 원망과 미움만 남는다."

– 『법구경』

2600여 년 전 석가모니 부처님 재세 시, 이런 일이 있었다. 석가족과 콜리야족의 물싸움이다. 두 종족은 로히니강을 사이에 두고 농사를 지으며 평화롭게 살았다. 석가족은 석가모니 부처님의 친족이요, 콜리야족은 부처님의 어머니 마야 부인과 왕비 야쇼다라[석가모니 부처님의 출가 전 부인]의 종족으로, 두 나라는 인척 관계나 다름없다.

그런데 어느 해 오랜 가뭄으로 로히니강의 물이 점점 말라갔다. 물이 부족하니, 두 종족은 당연히 자신들의 논으로 서로 물을 끌어들이려다 싸움이 벌어졌다. 처음에는 사소한 말다툼으로 시작했으나 점차 종족간의 싸움으로 번져갔다. 서로 험한 말을 하며 비난했고, 농기구까지 들고 나와 서로를 위협했다. 점점 심각해지더니 창칼까지 동원되어 전쟁이 나기 일촉즉발이었다. 우연히 이 소식을 전해 들은 석가모니 부처님께서 그들의 싸움터로 나아갔다. 부처님은 서로를 죽이려고 화가 나 있는 싸움판 중간으로 들어가 그들의 성난 마음을 진정시킨 뒤 말씀하셨다.

"지금 현재 화가 나서 서로를 죽이려고 하는데, 물이 더 중요한가? 사람이 더 중요한가?"

싸움을 하던 두 종족은 아무 대답이 없었다.

"물 때문에 사람을 죽이는 것은 있을 수 없는 일이다. 물이 부족해 말라버린 로히니 강바닥을 피[血]로 채워야 성이 차겠는가? 서로를 살상해 국민들이 모두 죽고 난 뒤에 나라가 무슨 의미가 있겠는가? 손에 들고 있던 무기를 내려놓고 자신들의 현재 마음을 잘 살펴보아라. 인간의 삶에 어떤 것이 더 소중한가를 …."

석가족과 콜리야족 사람들은 부처님의 말씀을 듣고 부끄러움을 느꼈다. 이때 부처님께서 다음과 같은 말씀을 하셨다.

"원한을 품은 사람들 속에서 원한을 버리고 행복하게 삽시다. 원한을 품은 사람들 속에서 우리는 원한에서 벗어납시다.

탐욕이 가득한 사람들 속에서 탐욕을 버리고 즐겁게 삽시다. 탐욕이 가득한 사람들 속에서 우리는 탐욕에서 벗어납시다."

이런 다툼은 개인과 개인 사이, 친족과 친족 사이, 국가와 국가 사이에 얼마든지 발생할 수 있다. 역사 이래 투쟁이나 혹은 전쟁을 통해 승전 국가가 재물을 얻거나 큰 땅덩어리를 차지했던 것이 사실이다. 하지만 세상에 인간의 생명보다 소중한 것은 없다.

이슬람교에서는 "하나님을 순수하게 존경하는 것처럼, 똑같이 사람을 사랑해야 한다."고 하였다. 무함마드는 사람을 사랑하는 것 자체를 신앙의 경지로 승화시켰고, 더 나아가 사람을 사랑하는 것이 바로 하나님을 신앙하는 조건이라고 하였다.

또한 필자가 오래 전에 읽은 천주교 책자에서 이런 내용을 보았다.

"내가 배고플 때에 먹을 것을 주었고, 목마를 때에 마실 것을 주었으며, 나그네를 따뜻하게 맞아들였고, 헐벗었을 때 옷을 주었으니…, 내 형제 중에 보잘것없는[고통 받는] 사람들에게 극진히 대접하는 것이 바로 나[예수]에게 한 것과 같다."

그러면서 고통 받는 사람 혹은 죄인을 '버림받은 예수'라고 하였다. 곧 고난 받는 사람을 예수로 여기는데 어찌 그에게 베풀지 않겠는가?! 한편 원불교에서도 "모든 사람과 사물이 다 부처님이니 모든 사람과 모든 사물에 불공을 올리듯이 정성을 다하라[處處佛像 事事佛供]."고 하였다.

이처럼 어느 종교든 물질[재물과 영토]이 아닌 사람을 소중히 여기라고 하고, 사람을 신불神佛과 똑같이 생각하였다. 이는 세상이 뒤바뀐다 해도 불변의 법칙이다. '나'라는 존재를 지극히 소중하게 여긴다면, 타인도 소중히 여겨야 한다.

세 남자가 동시에 말했다. "모두 아니라면,
대체 왜 이 언덕 위에 홀로 서 있는 겁니까?"
"나는 그저 서 있을 뿐입니다."

착각과 진실

　　한 남자가 높은 언덕 위에 서 있다. 그 남자를 보고 사
람들이 수군거렸다.

①번 사람이 말했다.

"저 사람은 길 잃은 양을 찾고 있는 것 같은데 …"

②번 사람이

"아니야! 저 사람은 동료들과 길이 엇갈려 찾고 있는 중이
야.…"

③번 사람이

"아닌 것 같은데, 저 사람은 혼자 조용히 바람을 쐬고 있어."

　　이렇게 세 사람이 각자 자기가 느낀 대로 말하며, '자기 말이
맞다'고 주장하였다. 세 사람의 논쟁이 끝나지 않자, 세 사람은

직접 언덕에 올라가 확인해 보기로 했다.

①번 남자가 말했다.

"길 잃은 양을 찾고 있는 것 같은데, 양은 찾았습니까?"

"아니요. 저는 양을 잃어버리지 않았습니다."

②번 남자가 말했다.

"동료들을 찾고 있는 것 같은데, 찾았습니까?"

"아니요. 저는 동료들과 이곳에 같이 오지 않았습니다."

③번 남자가 말했다.

"제 말이 맞네요. 당신은 스트레스를 받아 혼자 바람을 쐬고 있는 것이지요?"

"아닙니다. 바람을 쐬고 있는 것이 아닙니다."

세 남자가 동시에 말했다. "모두 아니라면, 대체 왜 이 언덕 위에 홀로 서 있는 겁니까?"

"나는 그저 서 있을 뿐입니다."

위의 내용은 『역대법보기』에 나오는 이야기다. 누구나 한번 쯤 경험해 봤을 것이다. 어떤 하나의 사건을 두고 사람들마다 각기 자기 방식대로 해석한다. 자신이 평소 경험하고 느낀 대로 생각하고 바라본다. 문제는 어떤 점을 있는 그대로 보지 못하고, 왜곡되게 해석하고 자신의 해석이 옳은 거라고 강력히 주장한다. 주장을 넘어 굳은 신념으로 확신하는 이들도 있다. 그래서 간혹 사람들과 대화를 하는 도중 상대가 지나치게 단언을 하는 경우가 있다. 그럴 때마다 필자는 "그건 네 생각이고….!"라고 말한다.

군이 서로 따질 필요도 없고, 상대에게 의견을 관철시킬 필요가 없다고 본다. 결국 자신이 늘 생각[意業]하고, 행동[身業]하며, 말하는 대로[口業] 습관화되어 인생이 펼쳐진다. 이를 통칭해서 업(業, karma)이라고 한다. 이렇게 자신의 의견에 빠져 타인의 의견을 받아들이지 않는 경우가 일반적이다. 그런데 다음 이야기를 하나보자.

스리랑카에 아담스피크[Adam's Peak, 해발 2200미터]라는 관광지가 있다. 그곳 정상에 '발자국'이 있는데, 스리파다(SriPada), '성스러운 발자국'이라는 뜻이다. 스리랑카 사람들은 이곳을 평생에 꼭 한번은 가봐야 할 곳이라고 한다. 재미난 것은 스리랑카 제일의 성지로 알려져 있는 이곳은 불교·기독교·힌두교·이슬람교 모두의 성지이다.

불교도들은 부처님이 스리랑카에 왔다가 돌아가면서 남긴 발자국이라고 믿고 있고, 힌두교도들은 시바신의 발자국이라고 하며, 기독교도와 이슬람교도들은 아담이 낙원에서 추방되었을 때 내려온 곳이라고 믿고 있다. 스리랑카는 불교 신자가 90%인데, 다른 종교인의 사고에 대해 비난도 비판도 하지 않는다는 점이 마음에 와 닿는다. 곧 스리랑카 사람들은 각자 자기 종교 방식대로 해석하는 것 자체를 문제 삼지도 않거니와 틀렸다고 하지도 않는다. 서로의 다른 생각을 쿨(cool)하게 인정하는 것이다.

　"정치·종교·스포츠를 주제로 논쟁하지 않아야 한다."는 말이 있다. 어떤 이념이든 문제이든 간에 다투지 말자. 서로서로 존중해 주자. 그저 내 생각만이 옳다는 주장은 편견에 치우친 것이요, 어리석은 일이다. 내 주장이 옳다는 확신만큼 상대방의 의견에 경청하는 자세를 갖는 것! 어떠한가?!

"이 사람은 강도가 아니오.
저 돈들은 나를 찾아왔기에 내가 준 것이오.
저 사람도 감사하다고 인사하고 떠났소."

마음에 드는 물건은 다 가져가시오

　　문명이 발달하고, 과학이 발달할수록 바쁘고, 삶이 메마르다. 게다가 현대 사회는 서로가 서로에게 여유를 베푸는 삶이 부족하다. 오늘은 자비행을 실천한 몇 스님들의 미담을 들려주려고 한다. 선사들의 이야기를 음미하며 한번쯤 마음의 여유를 가져보자.

　　어느 날 저녁, 칠리七里(1893~1958) 스님이 경전을 읽고 있는데, 강도가 들어왔다. 강도는 칠리 스님에게 칼을 들이대며, "돈을 내놓지 않으면 죽이겠다."고 위협했다. 이런 위급한 상황인데도 칠리 스님은 태연히 말했다.

　　"돈은 저 서랍 안에 있으니 가져가시오. 하지만 내 양식은 살 수 있게 조금 남겨 놓으시오."

그런 뒤 아무런 일도 없었다는 듯이 계속 경전을 읽었다. 강도가 있는 돈을 챙겨 나가려고 하자, 스님이 이렇게 일렀다.

"남의 것을 가져가면서 고맙다는 말은 하고 가셔야지요."

강도는 스님에게 "감사하다."고 하고는 휙 나가버렸다.

며칠 후, 이 강도가 붙잡혔는데, 경찰서에서 칠리 스님에게 증인으로 출두하라는 연락이 왔다. 스님이 그곳에 가서 이렇게 말했다.

"이 사람은 강도가 아니오. 저 돈은 나를 찾아왔기에 내가 준 것이오. 저 사람도 감사하다고 인사하고 떠났소."

스님은 이렇게 증언을 하고, 나왔다. 그 강도가 형기를 다 마치고 스님을 찾아와 엎드려 절하며 제자로 거두어 달라고 청했다.

또 당나라 때, 담장曇藏이라는 스님이 있었다. 담장의 일화가 『전등록』에 전하는데, 담장 스님은 마조(709~788) 선사의 제자이다. 담장 스님은 스승 마조 선사가 열반한 뒤 남악南岳 서원사西苑寺에 머물렀다. 담장 스님은 개 한 마리를 키웠는데, 늦은 밤에 경행을 하면 개가 와서 옷을 물었다. 오랜 시간 경행했다는 뜻으로 알고, 바로 방으로 들어가는 습관이 있었다. 어느 날 개가 문 옆에 엎드려 계속 짖었다. 이튿날 아침, 새벽에 공양간 앞에 큰 구렁이 하나가 나타나 입을 벌리고 독을 내뿜고 있었다. 사미승이 겁에 질려 있자, 선사가 말했다.

"죽음을 어찌 피할 수 있겠는가? 저 놈이 독을 뿜고 달려들면, 나는 자비로운 마음으로 받아들인다. 독은 진실한 성품이 없어서 끓어오르면 강해지고, 자비는 인연을 가리지 않으니 원수와 친척이 같은 것이다."

이 말이 끝나자마자, 미물인 구렁이도 스님의 말에 감화를 받았는지 슬그머니 사라졌다. 또 어느 날 저녁, 암자에 도둑이 들었다. 개는 담장 스님의 옷을 물더니 놓아주지 않았다. 무슨 변고가 생긴 것이라고 추측하고 주위를 살펴보니 도둑이 있었다. 담장 스님이 도둑에게 말했다.

"누추한 암자까지 찾아오느라 고생이 많습니다. 혹 마음에 드는 물건이 있으면 마음대로 가져가십시오."

도둑은 스님의 말에 감동을 받고 절을 한 뒤 자취도 없이 사라졌다.

우리나라 혜월(1861~1937) 스님에게도 이런 비슷한 고사가 있다. 혜월 스님이 머물고 있던 정혜사에 도둑이 들었다. 쌀을 훔쳐 지게에 지고 가려던 도둑이 가마니가 무거워 쩔쩔매고 있는데, 선사가 가만히 지게 짐을 들어 올려 주면서 도둑에게 말했다.

"쉿, 아무 소리 하지 말고 어서 내려가게, 양식이 떨어지면 또 찾아오시게."

3장

인연 마당

인간은 하나를 얻으면 또 다른 하나를 얻으려고 하고,
열 개를 얻어도 만족해 하지 않는다. 그만큼 사람은
마음속에 끊임없이 갈망을 꿈꾸기 때문에 고통이 끊임없이 생성된다.
인간에게 만족은 쉽지 않음이요, 죽을 때까지 채워지지 않는다.
아니 채워지지 않는 것이 아니라 끊임없는 욕구로 고통을 스스로 만든다.

신이 인간의 고통을 모두 해결해 준다?

　　얼마 전 어느 일간 신문에 중진급 스님의 인터뷰가 있
었다. '앞으로 미래에는 어떤 종교든 사람들이 기도를 필요로
하지 않는 시대가 온다.'는 게 주된 내용이었다. 한마디로 미래
사회에 종교의 역할이 점점 줄어들 거라는 주장이다.
　우리나라 경우, 1970년대의 경제 성장, 80년대와 90년대의
민주화와 경제 발전을 거치면서 사람들이 원하는 것이 많았는
데, 기도를 통해 성취하였다. 이렇게 기도해서 오늘날 경제 성
장이 이루어졌지만, 앞으로는 사람들의 원하는 바가 줄어들어
당연히 종교의 역할이 적어진다는 뜻으로 해석된다. 그래서 기
도형 종교가 설 자리를 잃어간다는 취지였다.

그러나 필자의 생각은 다르다. 물론 서양에서는 불교 명상을 하는 사람이 기하급수적으로 늘어나면서 가톨릭과 기독교 신자가 줄어드는 것은 사실이다. 또한 한국도 어느 종교 할 것 없이 종교 신자가 줄고 있는 게 현실이다.

하지만 미래에 기도형 종교가 사라질 거라고 생각하지는 않는다. 인간은 끊임없이 원하는 것이 많고, 원하는 것을 얻지 못하는 만큼 고통스러워하기 때문이다. 결론을 말하면, 원하는 만큼 얻지 못하는 것에 대해 인간은 신을 의지하거나 부처님을 찾기 마련이다.

인간은 하나를 얻으면 또 다른 하나를 얻으려고 하고, 열 개를 얻어도 만족해 하지 않는다. 그만큼 사람은 마음속에 끊임없이 갈망을 꿈꾸기 때문에 고통이 끊임없이 생성된다. 인간에게 만족은 쉽지 않음이요, 죽을 때까지 채워지지 않는다. 아니 채워지지 않는 것이 아니라 끊임없는 욕구로 고통을 스스로 만든다고 보는 것이 적합한 답이다. 이에 인간에게 고통이 있는 한 신에게 의지하거나 부처님을 찾게 되어 있다.

불교도 종교로서 두 가지 차원이 있다. 첫째, 불교의 원 취지는 (부처님을) 믿는 형태가 아니라 수행하는 종교이다[自力]. 둘째, 불교가 역사적으로[대승불교] 흘러오면서 부처님께 기도하는 형태로 발전되었다[他力]. 필자는 전자에 맞춰 글을 전개하려고 한다.

그러면 다른 차원에서 생각해 보기로 하자. 우리의 고통을 무조건 신[여기서는 모든 종교를 포괄]에게 해결해 달라고 할 것인가? 독자님들께서는 자신에게 고통이 일어났다면, 가만히 살펴보라.… 원인이 무엇이고, 어떻게 해결할 것인가를… 보리달마 선사가 520년 인도에서 중국으로 왔을 때, '혜가'라는 승려가 달마 선사를 찾아와 말했다.

"스님, 저의 마음이 편치 못합니다. 스승님께서 편안케 해 주십시오."
"그대의 마음을 가지고 오너라. 여기 손바닥 위에 그 불편한 마음을 올려 놓아보아라. 그러면 너의 마음을 안심시켜 주리라."
"마음을 찾으려고 해도 찾을 수 없습니다[覓心了不可得]."
한참 후에 달마 선사가 말했다.
"내가 이미 네 마음을 편안케 해 마쳤느니라."

－『경덕전등록』

곧 편안한 마음의 실체는 자신이 일으킨 고통 속에 있다. 헤밍웨이의 『무기여 잘 있거라』에 이런 내용이 있다.

"세상은 모든 사람을 깨부수지만 많은 사람들은 그렇게 부서졌던 그 자리에서 한층 더 강해진다. 그러나 그렇게 깨지지 않았던 사람들은 죽고 만다."
바로 이 점이다. 인간이 끊임없이 만들어내는 그 고통의 원인도 자신에게 있고, 해결의 실마리도 그 고통이 일어난 자리에 있다. 이를 인지하고, 기도하거나 명상을 한다면 인생에 조금은 활력을 얻을 수 있을 것이다. 힘든 세상, 독자님들이 조금이라도 덜 고통 받고, 행복하기를 발원한다.

사회생활이든 친척·가족과의 관계에서든
가장 힘든 것은 인간관계이다.
관계에서 첨예하게 대립하는 것은
서로 생각[→문화]이 달라서이다.

닭은 추우면 나무에 오르고,
오리는 추우면 물에 들어간다

어느 승려가 파릉巴陵(?~?, 운문문언 제자) 스님에게 물었다.
"조사선祖師禪과 여래선如來禪은 같은 겁니까, 다른 겁니까?"
파릉 스님은 구체적인 답은 하지 않고, 엉뚱한 말씀을 하셨다.
"닭은 추우면 나무에 오르고, 오리는 추우면 물에 들어간다."

추운 상황은 똑같지만, 추위를 피하는 수단[방법]에 있어서는 각기 다른 방법을 선택하고 있다. 동물들도 위기에 처했을 때, 자신만이 살 수 있는 특별한 방법들이 있다. 곧 거북이는 최대한 머리를 몸 안으로 움츠려 위기를 모면하고, 원숭이들은 나무 위로 올라가 최대한 적과 거리를 둔다. 목적은 같지만, 다른 길[방법·방향]을 추구하고 있는 셈이다. 어느 누가 옳은 방법을 선택했는가? 어느 누구에게도 어떤 존재에게도 비난할 수 없다. 각자 자신만의 길을 추구한 것이요, 자신만의 문화가 있기 때문이다.

사회생활이든 친척·가족과의 관계에서든 가장 힘든 것은 인간관계이다. 관계에서 첨예하게 대립하는 것은 서로 생각[→문화]이 달라서이다. 생각이 다르니 행동하는 것도 다르고, 말하는 것도 각자 자기 방식대로 다르다. 승려인 필자도 가끔 신도들과 의견 충돌이 있을 때가 있다. 아니 대화가 단절된다고 보는 게 더 맞을 듯하다. 그 원인을 보면, 생각이 달라서인데, 살아온, 살아가는 문화가 서로 다르기 때문이다. 스님들은 계율이나 불문율 등 여러 방향에서 생활이 많이 다르니, 재가 신자들과 다른 문화를 형성하며 살아간다.

또 어디서든 가장 첨예하게 대립하는 것이 있다면, 종교 문제일 것이다. 역사적으로 일어난 큰 전쟁에도 종교가 원인이 되는 경우가 많았다. 근자에도 지구상에 테러나 분쟁이 종종 일어나고 있는데, 거기에도 원인을 들여다보면, 종교가 자리 잡고 있다. 서로의 종교적인 편견 속에 사로잡혀 있다 보니, 타인의 종교를 비방하고 그 종교라는 이름으로 상대를 지탄하고, 살상을 서슴지 않는다. 실상이 이러한데, 이를 거스르는 뜻밖의 이야기가 있다.

얼마 전에 이런 이야기가 소개되었다. 경상도 영천 은해사가 경북 경산의 작은 시골교회를 짓는데, 300만 원을 도와주었다. 이 교회는 유명건축가 승효상 이로재 대표가 하양의 '무학로 교회'를 무료로 설계해 주었다. 실은 신도가 30여 명뿐인지라 교회가 너무 가난해 공사비가 턱없이 부족했다. 겨우 겨우 십시일반으로 교회를 완공했다고 한다.

그런데 경제적인 도움을 준 사람들 명단을 보았더니, 뜻밖의 이름이 눈에 띄었다. 경상도의 사찰 중 하나인 은해사가 교회 공사비를 보시한 것이다. 기자가 사찰에 전화를 걸어 "어떤 연유로 공사비를 보냈느냐?"고 묻자, 주지스님은 "뭐 그런 걸 다 물어보느냐?"며 "근처에 어려운 교회가 있어 돈을 조금 보냈습니다. 나도 하느님께 복 한번 받아보려고 했습니다."고 쿨하게 답하더란다. 군자란 바로 이런 사람을 두고 하는 말인가 보다.

솔직히 가족끼리도 종교가 다르면 서로 다투기 마련이요, 같은 민족끼리도 으르렁거리고 싸우기 일쑤이다. 이제는 성숙해져야 하리라. 종교라는 이질적인 문화를 수용하는 긍정적인 자세가 필요하다고 본다. 서로 다른 문화를 추구함에 상대가 틀린 것이 아니라 서로 다름을 추구하고 있다고 생각하면서….

인연이 닿지 않으려면
삶아 놓은 계란에서도 부화되어 병아리가 도망간다고 하였으니,
좋은 인연 닿기가 쉽지 않은 현실이다.

인연

　　사람이 살면서 스트레스를 받는 가장 큰 원인은 사람
과의 관계라고 한다. 수많은 인연 중 잘못된 인연은 큰 낭패를
당할 수 있다. 혹 돈을 빌려주고 받지 못해 집안이 풍비박산하
는 경우도 있고, 잘못된 배우자와의 인연으로 평생 회복될 수
없는 곤란에 처할 수도 있다.

　　그 반대로 사람과의 좋은 인연으로 큰 행복을 얻는 이도 있
고, 어떤 사람과의 선연善緣으로 살아가는 삶의 동기를 얻을
수도 있다. 필자에게 몇 년 전에 찾아온 제자가 있었다. 서점에
서 내 책을 읽고, 찾아와서 인연이 된 사람이다. 사람이 반듯하
고, 무엇이든 잘하려고 했던 친구이다.

　　필자가 행자시절부터 함께 데리고 살면서 정이 붙어야 하

는데, 다른 사찰에 맡겨서 그 친구의 속사정을 잘 몰랐다. 얼마 후 그 친구가 출가해서 정식 스님이 된 뒤에 가끔 만나고, 함께 지내는 시간이 있었다. 함께 있어 보니, 약간의 조울증에다 불안 증세가 있었다. 현 자신의 삶에 만족하지 못하고, 삶 자체를 힘들어 했다. 이 점은 필자만 느낀 게 아니고, 그 친구와 함께 공부했던 도반들도 느낀 점이다.

결국 그 친구는 승려생활을 하지 못하고, 다시 자기 집으로 돌아갔다. 물론 필자가 그 친구의 동향을 살뜰히 살피고 챙겨야 했는데, 그러지 못했다는 자괴감이 나를 지배했다. 인연이 짧지만, 이런 친구는 어디에 살아도 늘 힘들게 살 거라는 점이 안타까웠다. 인연이 닿지 않으려면 삶아 놓은 계란에서도 부화되어 병아리가 도망간다고 하였으니, 좋은 인연 닿기가 쉽지 않은 현실이다.

"인연이 있으면 천리에 떨어져 있어도 만나지만,
인연이 없으면 얼굴을 마주하고서도 만나지 못한다."

有緣天里來相會 無緣對面不相逢

－『수호전』

사람 인연도 순리가 있는 법이요, 억지로 되는 일이 아니다. 필자에게 또 하나의 인연이 있다면, 중국에 잠깐 머물 때 만난 한국 분들이다. 그 가운데 한 분은 소소한 것까지 필자를 챙겨 주었다. 고마운 마음이 없는 건 아니지만, 나의 분에 넘치는 것 같아 조금 부담될 정도였다. 어쨌든 중국에서 몇 분과의 인연으로, 외국에 사는 동안 큰 어려움이 없었다. 이분들 중에 한 분은 10년이 지난 지금도 인연되어 차茶뿐만 아니라 여러 공양을 받고 있다. 지금 생각해도 감사할 따름이다. 잠깐의 인연이 오랫동안 지속되는 것을 보니 좋은 인연인 것 같다.

석가모니 부처님이 35세에 깨닫고 나서 고독감에 빠졌다. 당신께서 느낀 해탈의 경지를 함께할 벗에 대한 그리움으로 열반에 들까(?)도 생각했었다. 그때, 석가모니 부처님이 성불하기 전에 도움을 받았던 두 선인[알라라 칼라마와 웃다카 라마풋타]을 떠올렸다. 그분들을 찾으니, 그분들은 벌써 이 세상 사람이 아니었다.

그러다 녹야원으로 가는 도중 아지위까 교도인 우파카를 만났다. 우파카는 부처님에게 "누구냐?"고 물었고, 함께 통성명을 한 뒤에도 우파카는 깨달은 성자를 알아보지 못했다. 말 그대로 부처님을 시큰둥하게 바라보고, 헤어졌다.

이후 부처님은 다섯 비구를 만나 가르침을 주었고, 그들은 부처님의 첫 제자가 되었다. 우파카가 부처님을 알아봤다면, 석가모니 부처님의 첫 제자가 되었을 터인데, 참으로 인연이 묘하다.

사람과의 인연뿐만 아니라 세상에는 여러 인연이 있다. 깨달음을 얻는 것, 진리를 만나는 것, 좋은 사람을 만나는 것, 어떤 일에서 성공하는 것 등 수많은 인연이 있다. 어떤 인연이든 노력도 필요하지만 자연의 순리로 받아들이는 것도 현명하지 않을까?!

"훌륭한 인물 뒤에는 훌륭한 부모가 있다."고 하는데,
출가 승려도 마찬가지인 것 같다.
일휴와 도원, 동산양개 화상 등 훌륭한 선지식이 등장할 수 있었던 데는
모친의 간곡한 서원과 불심 덕분이라 해도 과언이 아닐 듯싶다.

어머니의 눈물

　　중생의 삶이란 대부분 상호 의존이 아닌 대가성을 전
제로 인간 관계가 성립된다. 사람들의 영원한 주제거리인 사랑
에 있어서도 조건부 사랑이다. 이렇게만 서술하니, 삶이 왠지
삭막하다. 그 조건을 내세우지 않는 참다운 인연 또한 있기에
메마른 가슴이 따뜻해진다. 아마도 그 인연은 부모와 자식 관
계가 아닐까 싶다. 아니 자식은 부모를 버릴지언정 부모는 자
식을 잊지 못하는 영원한 짝사랑 인연이라고 생각한다. 스님들
도 속가 부모와 애틋한 인연을 가진 이들이 있다.

　　일본 일휴一休(1394~1481) 선사는 황족 출신으로, 일찍 출
가하였다. 일휴는 고기나 술을 즐기는 등 무애자재한 수행자였
지만 남녀 귀천 어느 누구에게나 평등하게 진리를 전한 선사이

다. 또한 그는 반골反骨 정신의 선사로서 당시 타락한 불교를 풍자했으며, 주지 소임을 잠깐 살았던 이외에는 거의 평생을 떠돌다가 열반하셨다. 일휴는 젊은 시절, 아무리 정진해도 공부에 진전이 없자, 자괴감을 느끼고 호수에 몸을 던지려고 하였다. 그때 어느 거사의 제지로 자살하지 못했다. 그는 일휴의 모친 부탁으로 선사의 일거수일투족을 지켜보던 사람이었다. 그는 일휴에게 모친의 이런 말을 전했다.

"깨달음을 향한 여정에는 유연한 태도가 필요하다. 초조해하지 말고 천천히 수행하여라."

일휴는 모친의 정성에 마음을 가다듬고, 다시 수행에 전념했다. 몇 년이 지나 어머니의 유서가 그에게 전달되었다.

"어미는 이제 이 세상일을 마치고 영원한 세계로 돌아간다. 어미는 늘 네가 부처님의 훌륭한 제자로서 열심히 정진하기를 간절히 바랄 뿐이다. 너는 부처님이나 보리달마와 같은 훌륭한 선사가 되어라. 정각을 이룬 뒤에는 반드시 중생을 제도해야 한다. 부처님께서 49년간 중생을 제도했다고 하는데, 한 말씀도 하지 않으셨다. 너는 그 이유가 무엇인지를 알아야 한다."

일휴 선사는 25세 무렵, 동산삼십방洞山三十棒이라는 공안을 타파하여 깨달음을 얻었고, 몇 년 후 다시 까마귀 울음소리를 들고 2차 큰 깨달음을 얻었다. 스님이 일본 선종사에 큰 선지식으로, 무애행의 대명사로 회자될 수 있었던 것도 바로 어머니의 헌신이 있었기 때문이다.

또 부모와 자식(승려) 간의 편지글을 하나 소개하고자 한다.

중국 선종의 5가 7종 가운데 조동종의 개조開祖인 동산양개洞山良价(807~869)와 그 모친과의 편지 글인데, 이 편지 모음은 강원에서 스님들이 공부하는 『치문緇門』에 수록되어 있다.[4] 이 내용은 필자가 이전 어느 책에서 소개한 바 있어 모친이 동산양개에게 보낸 편지만 소개하기로 한다.

"나는 너와 어느 전생의 옛적부터 인연이 있어 비로소 어미와 아들로 맺어졌다… 네가 태어난 뒤, 마치 보배처럼 너를 사랑하니 똥오줌의 악취도 싫어하지 않았으며, 젖먹일 때도 그 수고로움을 게을리 하지 않았다. 차츰 네가 성인이 되면서부터 외출했다가 돌아오지 않으면 대문에 기대어 언제까지나 너를 기다렸다… 너는 간곡히 출가자의 길을 간다고 하는데, 네 아버지는 돌아가셨고 어미는 늙었으며 네 형은 인정이 메마르고 아우는 성격이 싸늘하니 세상 천지에 기대고 의지할 곳이 없구나. 아들은 어미를 버릴 뜻이 있으나 이 어미는 아들을 버릴 마음이 전혀 없다. 네가 홀쩍 출가한 이후로 마음이 슬퍼 눈물이 나고 괴롭구나. 너는 맹세코 고향으로 돌아오지 않고 출가자의 길을 걷겠다고 하였으니 나는 너의 뜻을 따를 것이다. 나는 네가 세속의 왕상에 오르기를 바라는 것이 아니라, 단지 목련존자같이 나를 제도하여 고해의 바다에서 벗어나게 해 주고, 위로는 불과佛果에 오르기를 바랄 뿐이다."

또한 모친이 아들에게 인천人天의 스승이 되라는 말을 남긴 이가 있다. 일본 조동종의 종조宗祖 도원道元(1200~1253)의 어머니는 이런 유언을 남겼다.

"내가 죽은 뒤에 너는 반드시 출가 승려가 되어야 한다. 출가해 큰 스승이 되어 다음 생生에라도 나와 아버지를 잘 인도해 주기 바란다."

옛말에 "훌륭한 인물 뒤에는 훌륭한 부모가 있다."고 하는데, 출가 승려도 마찬가지인 것 같다. 일휴와 도원, 동산양개 화상 등 훌륭한 선지식이 등장할 수 있었던 데는 모친의 간곡한 서원과 불심 덕분이라 해도 과언이 아닐 듯싶다. 어찌 불교사에 이분들만으로 한정할 수 있으랴? 부처님의 어머니를 비롯해 스님들의 모든 어머니들, 진정 존경받아야 할 보살이다.

---

4 조동종曹洞宗이라는 종명은 동산양개의 '동洞' 자와 양개의 제자 조산본적曹山本寂(840~901)의 '조曹' 자를 합쳐 조동종이라고 한다.

외로이 홀로 차 마시는 날

평생 동안 수행만 한 노스님이 있었다. 스님은 평소에도 사람들과 왕래가 거의 없었고, 홀로 살면서 유일한 벗은 차 마시는 다구茶具뿐이었다. 스님은 당신께서 입적할 무렵이 되었음을 알고, 애지중지하던 다구를 불속에 던지며 이런 글을 남겼다.

나는 본래 외롭고 가난해 송곳 꽂을 땅조차 없었다.
그런데 그대는 일찍이 나를 만나서
봄에는 산으로, 가을에는 물가에 다니며,
울창한 소나무 숲속과 대나무 숲을 함께 거닐었다.
이제 내 나이 팔십, 몸뚱이가 쇠하여 수명이 곧 마칠 것이다.

내가 떠난 후에 세속의 손길에 남겨지게 될 그대도

아마 한이 남을 것이다.

그러니 이제 그대는 화염 속의 삼매를 즐기며

떠나기 바란다.

아아!! 겁이 다하여 타오르는 불길 속에

털끝도 남은 것이 없고,

푸른 산은 옛과 같이 흰 구름 속에 서 있구나.

입적하기 직전에 남긴 노스님의 글귀가 마음 한 구석 아프게 한다. 마치 먼 훗날 필자의 모습으로 그려진다. 이 노스님처럼 평소에 차와 '나'라는 존재를 떼어놓을 수 없을 만큼 차茶를 즐겨 마시는데다 소장하고 있는 다구에 애착이 많기 때문이다. 무소유를 강조하며 평생 물건을 소유하지 않으려 했던 법정 스님께서도 마지막까지 애착이 끊어지지 않았던 것이 다구라고 말씀하셨다. 아마 '스님께서 늘 홀로이기를 원하면서도 차와 다구를 통해 쉼[休]과 벗을 찾는 여유가 아니었을까?'라고 망상해 본다.

어느 스님의 글에서도 이런 비슷한 내용이 전한다.

오늘은 일생에 다시 오지 않는 날임을 생각하고

혼자 차를 마신다.

주위는 쓸쓸하여 말 상대로는

오직 차관 하나뿐이다.

　깨달음 없이는 도달할 수 없는 선사의 경지이다. 이처럼 혼
자 차를 마시는 자기도 승화되어 차관과 하나가 되는 경지가
바로 다도茶道의 한 일면이라고 할 수 있다. 차와 선禪, 차와 선
사禪師들은 떼어놓을 수 없을 만큼의 마치 도반과 같은 관계이
다.

　스님들이 차를 마시는 행위와 수행하는 경지를 하나로 여
겨 다선일미茶禪一味가 정립되었다. 이 말은 원오극근圜悟克勤
(1063~1135) 선사가 처음 사용한 데서 비롯되었는데, 극근은
수행할 때 차를 즐겨 마심으로써 선과 차가 하나임을 깨달았다
고 한다. 더 발전되어 차향과 맛을 비유해 스님들은 깨달은 경
지를 '선열미禪悅味'라고 표현하기도 하였다.

　다도란 차 마시기에 좋은 물을 구하고, 화롯불 위에 정성스
럽게 물을 끓인 뒤, 잘 만들어진 차로, 알맞은 온도에 차를 우
려내는 행위를 말한다. 즉 찻물을 끓이고 차를 마시는 모든 행
동 하나하나가 마치 참선하는 마음상태와 같으므로 선禪과 하
나라고 보는 것이다.

　당연히 차와 관련된 공안이 많다. 대표적인 공안이 바로 조
주종심趙州從諗(778~897)의 끽다거喫茶去이다. 선사는 제자들
이 처음 찾아오거나 두 번째 와도 똑같이 그들에게 "차나 한잔
마시라."고 하였다. 또한 수행은 밥 먹고 차 마시는 것처럼 일

상생활 속에서 쉬운 일이라는 '다반사茶飯事'라는 말이 선에서 유래되었고, 절에서 간식을 '차담茶啖'이라고 하며, 부처님께 차 올리는 그릇을 '다기茶器'라고 한다.

　스님들이 차를 즐겨 마신 이유는 참선할 때 잠을 적게 하고 정신을 맑게 해 주며, 잠을 쫓고 의식을 집중하는 데 도움이 된다. 또 수행 중간 중간에 수행자들이 차를 마시며 도반과 법담을 나누는 여유를 제공하기 때문이다.

　그런데 근자에는 사찰의 분위기가 바뀌었다. 옛 도반들과 만나 차를 마시며 오랜만의 회포를 풀거나 삶과 수행, 어른스님들의 행적을 논하는 여유와 멋이 없어진 것 같다. 가장 두드러진 현상은 사회 현상과 비슷하게 스님들도 차보다는 커피를 즐겨 마신다.

　선사들이 차를 통해 자신의 고독을 의인화하고, 수행의 경지를 표현하며, 도반과 법담을 나누는 정겨운 옛 풍토가 그리워진다. 괜한 망상을 하는 건가? 차나 한잔 마셔야겠다.

젓가락이 길어 자기 입에 음식을 넣을 수가 없자,
긴 젓가락으로 다른 사람 입에 음식을 먹여 준다.
또 그 상대방도 마찬가지다.
곧 긴 젓가락으로 서로가 서로를 먹여 주는,
즐겁게 웃으면서 행복하게 밥을 먹는 장면이다.

극락행 티켓

대학교수들이 2019년에 뽑은 사자성어로 '공명지조共命之鳥[jivajivaka, 耆婆耆婆迦]'를 발표했다. 이 사자성어는 『불본행집경』과 『잡보장경』 등 불교경전에 있는 말이다.

이 새는 아름다운 목소리를 갖고 있으며, 히말라야 기슭인 극락에 산다. 몸은 하나인데, 머리가 두 개인 새로 두 생명이 서로 붙어 있어 상생조相生鳥·공생조共生鳥·생생조生生鳥라고 한다. 두 머리를 가진 새의 한 머리[①]는 낮에 일어나고, 다른 머리[②]는 밤에 일어나는 등 일상패턴이 다르다 보니 다투는 일이 잦았다. ①한 머리가 몸을 위해 항상 좋은 열매를 챙겨 먹는데, ②다른 머리는 질투심을 갖고 있었다. (시기심에 가득 찬) ②머리의 새는 언제고 보복하기 위해 벼르고 있다가 독이 든

열매를 몰래 먹었다. 결국 독이 온 몸에 퍼져 ①② 두 머리를 가진 새는 죽게 되었다.

시기심으로 심술부렸다가 상대방은 물론이고 자신까지 함께 죽게 된 것이다. 함께 죽음을 자초한 공멸共滅이라고 볼 수 있는데, 혹 그 반대로 상대에게 양보·배려했다면 공생共生이 되었을 것이다. 어느 시 구절에도 서로 각각 하나의 꽃은 풀밭이지만, 모든 꽃들이 함께 피어 있으면 꽃밭이 된다고 하였다. 또 연말에 아름다운 트리를 많이 보는데, 수많은 작은 전구들 각각은 초라하지만, 수많은 전구들이 모여 큰 '트리'가 될 때, 아름다운 역할을 한다.

앞의 새처럼 현재 우리 중생도 이와 유사하다. 살면서 남 잘되는 꼴을 보지 못해 상대를 시기질투해서 상대를 해한다면, 결국 자신도 똑같은 상황을 맞이하게 된다. 앞의 시 내용처럼 한 개인 각자는 풀밭이지만, 개인이 다수를 이루면 꽃밭이 되는 법이다.

필자가 원고를 쓰면서 가장 많이 언급하는 연기설緣起說로 보면, 이 세상의 모든 존재는 서로서로 주고받는 관계 속에서 살아간다. 서로의 유기적인 관계로 연결되어 있는데, 자신이 상대를 해하면 그 과보는 반드시 자신에게 부메랑 되어 돌아온다. 이 점은 가정에서나 사회에서도 일어날 수 있고, 국가에서도 일어날 수 있는 일이다.

불교에서 지옥을 상징하는 그림에 이런 그림이 있다. 많은 사람들이 길이가 매우 긴 젓가락으로 음식을 먹으려고 한다. 그런데 음식을 집을 수는 있는데, 젓가락이 길어 아무리 노력해도 자기 입에 넣지 못했다. 결국 음식을 앞에 두고, 젓가락질이 어려워 배를 곯는다.

그런데 극락[천국]을 표현하는 그림에 이런 내용이 있다. 젓가락이 길어 자기 입에 음식을 넣을 수가 없자, 긴 젓가락으로 다른 사람 입에 음식을 먹여 준다. 또 그 상대방도 마찬가지다. 곧 긴 젓가락으로 서로가 서로를 먹여 주는, 즐겁게 웃으면서 행복하게 밥을 먹는 장면이다. 곧 상대에게 심려心慮를 끼치는 것이 아니라 배려配慮를 하는 것이 극락의 조건이라고 할 수 있다.

원고 첫머리에서 언급한 공명지조로 돌아가 정리해 보자. 지옥과 극락은 환경이 만드는 것이 아니라 자신의 마음 상태[심려·배려]를 어떤 마음에 머물러 있느냐에 달려 있다고 생각한다. 내 시기심 때문에 상대를 해한다면, 그 상대의 고통만큼 자신도 똑같이 받는다. 그러니 심려가 아닌 배려하는 여유를 가져보자.

절대적인 선법善法도 없고, 절대적인 악법도 없다.
또한 절대 선인도 없고 절대 악인도 없다.
사람을 평가할 때 악인보다는 선인으로서의 가능성에 마음을 두자.
대립이 있기 때문에 발전이 있고,
상대가 있기에 그 존재감이 빛난다.

세상에 절대적 선악은 없다

숲속 연못에 수많은 개구리들이 살고 있다. 개구리 가운데 대장이 말했다.

"하늘은 우리 개구리를 위해 있고, 땅도 또한 우리에게 살 수 있는 공간을 주었다. 그리고 연못의 물, 허공의 공기도 모두 우리를 위해 존재한다. 허공에 떠도는 날파리나 땅에 기어 다니는 수많은 벌레들이 모두 우리를 위해 존재한다."

이런 말을 끝내자, 모인 개구리들이 하늘과 땅 등 자연에 감사하면서 축제 분위기에 휩싸였다. 그런데 이때, 숲속에서 뱀 한 마리가 슬그머니 기어와 개구리 한 마리를 꿀꺽 삼켜버렸다. 개구리들은 소리를 지르며, 쏜살같이 도망쳤다. 한참 만에 개구리들이 다시 모였고, 대장의 말에 회의를 갖기 시작했다.

'모든 것이 우리를 위해 존재한다고 했는데, 우리를 해치는 적도 있지 않은가?!' 그러면서 한 개구리가 다시 대장에게 따지듯이 물었다.

"설마 뱀도 개구리를 위해 존재한다고 할 수 있습니까?"

"그럼 당연히 뱀도 개구리를 위해 존재한다. 뱀이 없어서 개구리가 잡아먹히지 않는다면 개구리가 지나치게 번식해서 결국 우리가 살 공간이 없어지거든…."

세상 모든 일이든 이치든 절대적 선악은 없다. 또한 절대적 관념도 없고, 절대적인 이념도 없는 법이다. 한 나라의 법칙도 그 나라 입장에서는 좋을지 모르나 외국인에게는 부당한 경우가 있다. 역사에서도 이런 일이 비일비재하다. 혁명이 성공하면 충신으로 남지만, 성공하지 못하면 역적으로 남는다. 그 대표적인 예가 고려 말기 신돈이라 할 수 있다.

사람과의 관계에서도 마찬가지다. A라는 사람이 있다. 이 사람은 가족을 위해서 헌신했기에 가족에게는 절대적으로 필요한 존재일지도 모른다. 하지만 A가 타인을 해치거나 나쁜 행위를 통해 돈을 벌었다면 그 일을 당한 상대방에게는 없는 게 더 나은 존재다. 이처럼 똑같은 사람이라도 한편에서는 선인善人이라고 추켜세우기도 하고, 다른 한편에서는 악인이라고 지탄한다.

어떤 사람을 평가할 때도 자신과 뜻이 맞거나 자신에게 잘

하면, '좋은 사람'이라고 말한다. 그런데 반대로 자신과 뜻이 맞지 않으면 그 사람은 악인으로 전락한다. 그래서 필자는 간혹 사람들이 특정 인물을 평가할 때, 절대적 선·악인이 없음을 염두에 둔다. 곧 그 사람의 말에 휘말려 들지 않으려 한다.

이 세상 모든 만물이나 법칙, 사람들은 서로서로 대립되어 있다. 모든 것에 나와 너, 옳고 그름, 번뇌와 보리, 선善·불선不善, 여자·남자, 명암明闇 등… 하지만 상대와 차이가 있기에 존재 가치가 드러나게 된다는 점을 깨달아야 한다.

『유마경』에서는 이 점을 불이不二 사상으로 논한다. '불이'란 상호 대립이 아니라 둘이 아닌 '하나'라는 뜻인데, 단순히 '하나'라는 뜻만을 말하지 않는다. 불이의 참 뜻은 대립과 차별을 넘어선 평등의 의미요, 궁극적 진리, 중도를 뜻한다. 신라 원효 스님이 말씀하신 화쟁和諍을 의미하기도 한다. 이렇게 대립 분별심이 없는 경지에 이른 불이가 바로 깨달음의 자리이다.

이 세상에 절대적인 선법善法도 없고, 절대적인 악법도 없다. 또한 절대 선인도 없고 절대 악인도 없다. 사람을 평가할 때 악인보다는 선인으로서의 가능성에 마음을 두자. 대립이 있기 때문에 발전이 있고, 상대가 있기에 그 존재감이 빛난다. 어떤 것이든 대립의 반목이 아니라 평등과 평화를 마음에 새기자.

들으면 들은 대로, 보면 본 대로 흘려보내라

　　한 해가 시작되면서 단체나 모임으로 인해 여러 사람을 만난다. 필자도 근자 들어 (종단의) 소임을 살다 보니, 행사나 모임이 더러 있다. 어제도 여러 사람이 모이는 일이 있었다. 모여 있는 멤버 가운데 개인적으로는 친분은 없지만 종종 보는 A라는 사람이 있다.

　　A와는 몇 년 전부터 모이면 인사하는 정도이다. A와 처음 대화를 하게 된 것은 필자의 원고에 대해 상당한 호감을 표하며 칭찬을 하면서부터다. 하지만 전화번호조차 모를 정도로 서로 인연될 일이 없었다. 그런데 A씨가 필자에게 기분 나쁜 일이 있어서인지, 아니면 부당한 일을 당했었는지 불편한 모습으로 대했다. 가벼운 인사조차 하지 않을 정도였다. 아마 이 글을 읽

는 독자님들도 이와 유사한 경험을 했을 것이다.

　솔직히 그분이 왜 그러는지 전혀 모른다. 문제는 내 쪽이다. 굳이 A씨에 대해 신경 쓰지 않았다. 아니 그럴 필요조차 없었다. 큰 실수를 한 것도 아니고, 예의에 벗어날 만큼 행동을 하지 않았다는 확신이 있어서다. 상대방의 감정까지 내가 책임질 이유는 없다고 생각한다. 이럴 때, 한번쯤 새길 말이 있다. 오래 전부터 좋아하는 스님의 글이다.

　"진지하게 삶을 바라보고 감사할 줄 아는 사람은,
　순간순간이 행복하고, 매일 매일이 새로운 날이다.
　세월은 흘러가도 그는 결코 시간의 흐름에 얽매이지 않는다.

　그대는 살면서 고통스러운 일이 생기든
　영광스런 일이 생기든,
　칭찬을 받든 비난을 받든 어떤 것에도 동요 받지 말라.
　시간이 흐르면 영광과 수치, 고통과 즐거움도
　세월이라는 강물에 흘러가게 되어 있다."

　당나라 말기 오대 때의 선사, 선월관휴禪月貫休(832~912)가 제자들과 신도들에게 남긴 12가지 가르침 가운데 하나이다. 수행만 하는 스님들도 8풍八風(이利·쇠衰·훼毁·예譽·칭稱·기譏·고苦·락樂)에 동요되지 말라고 하였다. 끊임없이 반복되는 인심의 세태에 말려들지 말아야 한다.

세상사가 그러하다. 기업체든 사람들이든 "그대가 없으면 이 일이 해결되지 못합니다. 그대는 꼭 필요한 사람입니다."라고 하며 극도의 칭찬을 하기도 한다. 그런데 얼마 지나지 않아 도움을 청하던 당사자나 기업체에서 반대의 상황극을 만들어 내기도 한다.

"당신, 필요 없으니 여기서 제발 나가 주십시오."

필자는 승려지만 대학 강사 생활을 오래 했다. 시쳇말로 보따리 강사를 20년 가까이 하다 보니, 이런 세태를 실감한다. 이렇게 세상사는 인심의 냉열冷熱을 겪는 일이 비일비재하다. 삶의 현실이 그러니, 어찌할 것인가? 그저 받아들일 수밖에 없는 세상에 살아야 한다. 아마 어쩌면, 필자도 어느 상황에서 '갑'이 되었는지도 모른다.

그러니 누군가 칭찬을 하든 비난을 하든 그 인심의 세태에 끌려 다니지 말자. 그 어떤 것이 오든 고개만 끄덕일 뿐 동요하지 말라. 귀로 들으면 들은 대로 흘려보내고, 눈으로 보면 본 대로 흘려보내라. 거기에 머물러서[住] 시비선악是非善惡을 일삼으면 다툼이 끝나지 않는다. 현명하게 살자. 그대가 남의 감정에 휘말려 들 필요가 없지 않은가?!

선지식들의 즐거움은 명리名利가 아니었다. 이들의 공통점은
곱게 늙어가며 삶을 숙성시키는 것들을 인생의 낙으로 삼고 있다는 점이다.
굳이 꼭 늙어서 즐거움을 찾으려는 것이 아니다.
지금도 불안과 바쁨 · 쉬지 못하는 헐떡이는 마음을 조금만 내려놓으면,
즐거움은 세 가지만이 아니라 우리 주변에 산재해 있을 것이다.

마음을 내려놓으면 그곳이 놀이터

송나라 시대, 구양수歐陽修(1007~1072)는 당송 8대 문
장가 중 한 사람으로 유학자이자 정치가이다. 그는 가난한 집
안에 태어나 4세 때 아버지를 여의고, 붓과 종이를 살 돈이 없
어 어머니가 모래 위에 갈대로 글씨를 써서 가르쳤다고 한다.
10세 때 당나라 한유韓愈(768~824)의 글을 읽고 감명 받아 문
학의 길로 들어섰다. 그는 진사를 시작으로 관료파의 중심인물
이 될 만큼 높은 관직에 올랐던 인물이다. 많은 시와 저서를 남
김으로써 후대 사람들과 문학계에 큰 영향을 끼쳤다.

그는 유교만이 참된 국가 이념이라고 주장하면서 불교를 철
저히 부정했다. 그러다 불일설숭佛日契嵩(1007~1074)의 "유교
의 5상[仁·義·禮·智·信]은 불교의 5계[不殺生·不偸盜·不邪淫·

不妄語·不飮酒]·10선善과 유사하다."는 내용이 담긴 『보교편輔敎篇』을 읽고, 설숭에게 감화를 받아 불교에 귀의했다. 그는 불교를 옹호하며 선사들을 찾아 도를 구하며 참선하였다. 강소성江蘇省 남경南京 대명사大明寺 도량 안에 구양사歐陽祠 당우가 있는데, 구양수의 석각화상이 모셔져 있다. 구양수는 스스로를 '육일 거사六一居士'라 자청한 불자이다. 그가 저술한 『육일거사전六一居士傳』에 이런 내용이 전한다.

구양수 집에 어떤 손님이 찾아와 대화를 나누는 와중에 객이 물었다.
"육일은 무엇을 뜻하는 겁니까?"
"우리 집에는 장서藏書가 1만 권이 있고, 집록集錄으로 3대 이래 금석유문金石遺文이 1천 권이며, 거문고가 하나 있고, 바둑판이 하나 있으며, 술 한 병이 비치되어 있습니다."
"모두 해서 다섯 가지입니다. 하나가 부족합니다."
"나[구양수] 이 늙은이가 이 다섯 가지 물건 사이에 있으니, 바로 육일六一이 되지 않겠습니까?"

천하의 문인다운 발상이다. 그는 만년에 독서·거문고·바둑판·술에서 인생의 즐거움을 찾은 것으로 보인다. 이 구양수와 유사한 사람이 있다. 몽골 칭기즈칸의 책사였던 야율초재耶律楚材(1190~1244)도 죽고 나서 그의 재산을 보니, 거문고와 악기 10여 개, 그림 몇 점과 수천 권의 책뿐이었다.

구양수가 만년에 즐긴 독서…!! 공자는 인간삼락人間三樂(인간에게 즐거운 세 가지) 가운데 한 가지로 '배움'을 말하였고, 추사秋史 김정희는 '독서하며 배우는 선비정신'을 언급했으며, 상촌象村 신흠申欽(1566~1628)도 '문 걸어 잠그고 마음에 드는 책을 읽는 것'이라고 하였다. 또 구양수가 언급한 거문고나 술, 바둑판은 벗과 함께 즐기는 것들이다. 인간의 삼락 가운데 하나로 김정희는 '벗과 함께 어울리는 풍류'를 꼽았고, 공자도 '벗이 멀리서 찾아오니 또한 즐겁다'고 했으며, 신흠은 '마음 맞는 손님을 맞이해 함께 어울려 노는 것'이라고 하였다.

구양수를 비롯해 위대한 선지식들의 즐거움은 명리名利가 아니었다. 이들의 공통점은 곱게 늙어가며 삶을 숙성시키는 것들을 인생의 낙으로 삼고 있다는 점이다. 굳이 꼭 늙어서 즐거움을 찾으라는 것이 아니다. 지금도 불안과 바쁨·쉬지 못하는 헐떡이는 마음을 조금만 내려놓으면, 즐거움은 세 가지만이 아니라 우리 주변에 산재해 있을 것이다. 어느 영화[신의 한수]의 대사 하나를 소개하고, 마무리하고자 한다.

"먼 데서 찾지 마라. 마음 한번 내려놓으면 그곳이 놀이터다."

식물도 물을 받아들이는 용량이 다르다.
내 입장에서 일괄적으로 한 번에 물을 주면,
살아 있는 식물은 하나도 없을 것이다.

스투키와 난蘭에 물주기

스승의 날, 오래 전 가르쳤던 학생들과 스님들 몇 분이 문자를 주거나 선물을 보내왔다. 주위 몇 분에게서 인사를 받으며 심기가 조금 불편했다. 내가 스승으로서 대접 받을 만큼 덕성을 갖추지 못했는데, 스승의 날이라고 인사 받는 것이 멋쩍었다고 할까? 작년까지도 그렇지 않았는데, 올해는 부쩍 그런 생각이 든다. 인생에 철이 드는 건가! 스승으로서의 자질과 덕성이 무엇인가를 생각해 본다.

자로子路가 공자에게 물었다.
"(어떤 것을) 들으면, 그것을 그대로 행해야 합니까?"
공자가 말했다.

"부형이 계시는데, 어찌 들었다고 바로 행할 수 있겠느냐?"

염유冉有가 똑같은 질문을 했다.

"(어떤 것을) 들으면, 그것을 그대로 행해야 합니까?"

공자가 대답했다.

"들으면 바로 행해야 한다."

이를 가만히 듣고 있던 공서화公西華가 말했다.

"스승님, 자로에게는 '부형이 계시는데, 어찌 쉽게 행하느냐?'고 하시고, 염유의 질문에는 스승님께서 '들으면 바로 행해야 한다.'고 말씀하시니, 저는 의구심이 듭니다."

공자가 말했다.

"염유는 물러서는 성격이므로 '곧바로 나아가라'고 하였고, 자로는 남의 몫까지 겸할 정도로 적극적인 성격이므로 한번쯤 사유하고, 물러서게 한 것이다."

-『논어』선진 #21

똑같은 질문에도 그 사람의 근기에 따라 스승의 답변이 달랐다. 중국의 선사 가운데, 당나라 때의 마조馬祖(709~788) 선사도 그러했다. 마조는 제자의 질문에 어떤 때는 자세하게 설해 주기도 하고, 어느 때는 반어법을 썼으며, 어느 때는 침묵으로 일관하는 때도 있었고, 심지어 폭력을 행사하기도 하였다. 또 선문답을 다 마쳤다고 생각하고 방심하고 돌아서는 제자에게 이름을 크게 불러 자성을 각성케 하는 방법을 쓰기도 했다.

또한 "달마가 서쪽에서 오신 뜻이 무엇입니까[祖師西來意]?"라는 질문에 답변이 제각각으로 달랐다. 곧 어떤 제자에게는 자세히 설명하고, 어떤 제자에게는 방망이를 들기도 하는 등 일괄적이며 교조적인 답변이 없었다. 그때그때마다 제자들의 근기에 따라 상황에 맞추어 지도 편달하였다.

또 마조와 같은 시대에 선사들 중에는 자신을 찾아온 제자가 자신과 맞지 않을 때는 다른 스님들에게 보내기도 하였다. 마조가 살았던 시대인 당나라가 '선의 르네상스'였던 것이 바로 스승들이 제자들의 근기에 맞추어 지도했기 때문이다.

석가모니 부처님 재세 시에도 이런 일이 있었다. 제자들 중에 공부를 많이 한 승려가 와서 "조용한 곳[阿蘭若, araṇya]으로 가서 홀로 수행하고 싶다."고 말하면, 부처님은 대부분 흔쾌히 허락해 주었다. 이를 보고, 우팔리 존자도 부처님께 나아가 자신도 아란야에서 조용히 홀로 수행하고 싶다고 말했다. 그런데 부처님은 잠깐의 망설임도 없이 'No'라고 하신 뒤 "너는 여러 사람들과 함께 머물면서 공부하라."며 허락해 주지 않았다.

제자를 교육하는 스승의 뛰어남이 돋보인다. 각자 그 사람의 그릇이 다른데, 이 점을 파악하고, 제자를 지도함이 스승 됨의 첫 번째 자질이 아닌가 싶다.

필자는 식물을 좋아해 다양한 나무와 꽃을 키운다. 그런데 이 식물들에게 일괄적으로 물을 주어서는 안 된다. 공기정화

식물인 스투키는 한 달에 한 번 물을 주고, 난 계통은 열흘에 한 번, 잎이 무성한 나무 계통은 일주일 단위로 물을 주어야 한다. 식물도 물을 받아들이는 용량이 다르다. 내 입장에서 일괄적으로 한 번에 물을 주면, 살아 있는 식물은 하나도 없을 것이다.

사람도 그러하다고 본다. 진정한 교육은 일괄적으로 지도하는 것이 아니라 피교육자의 근기와 성향에 맞춰 지도함이 참교육이었다. "한 가지 일을 체험하지 않고는 한 가지 지혜를 체득할 수 없다[不因一事 不長一智]."고 했던가?!… 필자도 제자를 통해 뼈저리게 느낀 교훈이다. 물론 이 또한 정답이 아닐 수도 있지만 ….

넘어진 그 자리

인간의 삶 자체가 다툼이 많은 세상이다. 일전에 어느 지인과 대화를 하는 와중에 의견 충돌이 있었다. 그 의견 충돌 주제는 여성 인권 문제였다. 상대방[男] 입장에서는 자신의 의견이 정당하다고 주장하고, 나 또한 내 의견이 옳다고 주장했다. 당연히 서로 기분 좋을 리는 없다. 내 기분이 언짢으니, 상대방을 좋게 평가할 리가 없다. 그 상대방 또한 기분 언짢았을 거라고 생각한다. 어쨌든 내가 왜 기분이 나쁜지를 곰곰이 생각해 보았다.

우리나라 차 문화를 정립, 다성茶聖으로 칭송받는 초의의순草衣意恂(1786~1866) 스님이 당시 고승으로 추앙받던 백파긍선白坡亘璇(1767~1852) 스님이 저술한 『선문수경禪文手鏡』을 비판

하였다[이렇게 시작되어 200여 년간 선리 논쟁이 있었음]. 초의 스님이 당시 서예가이면서 정치인이었던 신헌(1810~1884)과 대화를 나누면서 이런 말을 하였다.

"내가 백파 스님의 사상이 문제가 있다고 비판했는데, 선비님은 이 부분을 어떻게 생각하십니까?"

신헌이 답했다.

"제 생각에는 백파 스님도 그렇지만, 스님도 그릇된 점이 있습니다."

신헌의 답변에 초의 스님이 웃으면서 말했다.

"(학문적인 논쟁이기에) 백파 스님과 나, 모두가 허물이 있다고 할 수 없습니다. 서로가 잘못되었다고 하는 그 부분이 깨닫는 마음자리입니다."

초의 스님은 상대방의 잘못을 지적하면서도 그 허물을 상대에게 돌리지 않고 있다. 그러면서 잘못이라고 지적되는 그 지점이 깨달음의 근원점이라고 말하고 있다.

어느 승려가 마조(709~788) 선사에게 이런 질문을 하였다.

"즉심시불卽心是佛이 무슨 뜻인지 잘 모르겠습니다. 스승님께서 알려 주세요."

마조가 이렇게 답했다.

"네가 알지 못한다고 하는 마음[卽汝所不了心], 바로 그 자리가 곧 부처의 경지이다."

괴롭다고 번뇌를 일으키는 자리, 상대방이 잘못되었다고 다투는 그 자리가 번뇌를 해결할 지점이라는 것이다.

이 세상에 어떤 것이든 어떤 문제에 봉착해 있든 수학 공식처럼 답은 없다. 그 오류라고 지적되는 그 자리에 답이 있고, 그나마 해결책이 있는 법이다. "땅에서 넘어진 사람은 땅을 짚고 일어나야 한다."고 하듯이…. 우리는 이 점을 잊고, 편견에 빠져 있으며, 더 나아가 집착까지 한다. 그러면서 자신의 의견을 절대 꺾지 않는다.

옳고 그르다는 것도 그 연원을 거슬러 올라가면 한 지점에 귀착된다. 멀리에서 그리고 높은 위치에서 보면, 내가 옳고 상대방이 틀렸다고 주장하는 것 자체가 어리석은 일이다. 솔직히 이렇게 말하면서도 나의 슬픈 자화상을 본다. 마음속 깊이 진정한 변화가 되지 않으니, 부끄러울 따름이다. 어쨌든 옳고 그름을 따지는 시시비비도 객관적으로 평가하고, 통찰력으로 바라보자. 문제가 있는 그 지점에 답이 있다.

올가미

두 의사가 있었다. A의사는 베테랑급으로 외상외과의 사이다. 어떤 일이든 환자를 최우선으로 생각하는 의사이다. 이런 마인드를 갖고 있던 터라 후배의사들의 실수나 무성의한 점을 이해하지 못했다. 그런데 A의사[중진급 의사]에게 분심을 갖고 늘 원망하는 B의사가 있었다.

두 의사는 10년 전, 우연히 같은 시골버스를 타고 있었다. 그런데 그 버스가 다른 차와의 충돌로 인해 전복되었다. 당시 A의사는 자신도 몸이 성치 않은데, 위급한 환자를 치료해 주었다. 한편 B의사[당시 신출내기 의사]는 사고 버스에서 줄행랑을 쳤다. 몇 시간 후 두 의사는 병원에서 만났다. B의사는 A의사의 헌신적인 모습에 자괴감을 느끼고 있던 상태였다. 환자들을 치료하는 과정에서 A의사는 B의사에게 다그치듯이 야단을 쳤다. A의사의 "환자를 살릴 수 있느냐?"는 완곡한 충고에 B의사는 10년이 넘도록 마음고생을 하였다.

그런데 10년이 지나 두 의사가 한 병원에서 만났다. 복도를 지나다가 두 의사가 만났는데, B의사가 먼저 A의사에게 따지듯이 말했다.

"저는 10년 전 사고로 매일 밤마다 도망치고, 도망치면서 살아왔어요.… 저는 남보다 좀 더 나은 의사가 되고 싶었어요. 인턴 생활을 마치고 의사로서 성공하고 싶었습니다."

그러자 A의사가 말했다.

"그러면 그렇게 살면 되지."

"그런데 선생님을 다시 만나고 나서 깨달았어요. 그날 밤, 사고가 끔찍한 게 아니라 선생님이 제게 준 충고가 저를 힘들게 했던 겁니다."

A의사는 전혀 생각지도 못한 말에 "도대체 무슨 소리를 하는지 모르겠네."라고 하자, 다시 이어 말했다.

"선생님은 제게 그 '환자를 살릴 수 있겠느냐?'며 소리 지르며, 비난했어요. '너 같은 건 가짜'라고, '의사가 환자 앞에서 도망친 비겁한 놈'이라고 하셨잖아요."

"왜 그렇게 똑똑한 사람이 열등감과 비겁함으로 똘똘 뭉쳐 있지. 나는 자네가 그런 생각에 떨어져 있는 것에 책임 못 져. 나는 11년 전 자네와 함께 버스에 같이 있었는지, 자네가 도망쳤는지, 어쨌는지 나는 전혀 모르는 일이야. 그러니까 그날 버스 사고는 큰 사고였고, 끔찍한 사고였어. 내가 문제가 아니라 자네 생각이 문제야, 그때 그 버스 안에서 나와."

위의 이야기는 의사를 주제로 한 TV 드라마의 한 토막이다. A의사는 후배에게 의사의 길을 보여 주며 충고해 줬는데, B의사는 선배의 말에 스스로를 옭아맨 뒤 자신이 만든 나락에 떨어져 있다. 자신에게서 문제를 찾는 것이 아니라 상대를 원망하고, 외부 탓만을 하고 있다.

수나라 때, 4조 도신四祖道信(580~651) 스님은 7세에 출가하여 여러 스승을 섬기다가, 14세 때 서주 완공산에서 3조 승찬三祖僧璨(?~606) 스님을 만났다.
도신이 먼저 물었다.
"스님의 자비로 해탈 법문을 하나 주십시오."
"누가 그대를 해탈하지 못하도록 묶고 있는가?!"
"아무도 그런 사람이 없습니다."
"묶은 사람도 없는데, 무엇을 벗어나려고 한단 말인가〔何更求解脫乎〕?"

— 『경덕전등록』

위의 두 문답은 2조 혜가(487~593)가 보리달마에게 안심安

心 문답을 구했을 때, 달마가 "불편한 마음을 내어놓아 보아라."고 한 것과 같은 연장선상에 있다.

이 세상의 모든 문제는 상대가 문제가 아니라 자기 자신에게 있다. 그런데도 대부분 그 고통을 상대가 준 것이라는 착각에 빠져 있다. 스스로 만든 허상을 실체라고 착각하고, 그 허상을 계속 키워 간다. 결국 자신이 만든 것[허상]에 스스로를 묶고 스스로 괴로워하는 셈이다. 그러니 어떤 문제가 발생했을 때, 진위 여부를 떠나 이렇게 생각해 보라.

'고통을 만들어내는 자가 누구?'이고, '누가 괴로움을 받고 있는가?'

거기에 답이 있다.

조선 시대에 자비 스님이 있었다. 스님은 성질이 곧아
재상이나 벼슬아치를 만나도 굽히지 않았다.
그런데 스님은 어떤 물건이든지 물건을 일컬을 때
'돌님', '나무님', '사자님', '토끼님' 등으로 반드시 '님' 자를 붙였다.

여인도 성불하는가?

전 세계적으로 여성들이 남성에게 부당함을 당했던 것
에 이의 제기를 하는 미투 운동이 확산되고 있다. 남성 입장에
서는 억울할 수도 있고, 역차별 당한다고 생각할 수도 있다. 하
지만 인류사에 여성은 남성에 비해 약자였고, 특히 성에 있어
대다수 피해자가 여성이다. 이 점은 동서양 모두 같은 수치이
다. 이 원고는 보편적인 측면에서 이야기를 하려고 한다.

특히 인도에서 여성의 권익은 땅에 떨어진 휴지조각과 같
다. 인도에서 어느 여성이 성폭행 당했다고 신고를 했는데, 판
사는 피해 여성에게 "인도 여성으로서 행실이 부적절하다."는
판결을 내렸다. 근자에도 아웃카스트 계급 여인이 브라만 계
급의 사람들에게 성폭행을 당해 죽는 일이 발생했다[인도는 브

라만·크샤트리아·바이샤·수드라·아웃카스트 등 계급으로 나뉘어 있음]. 인도는 평균 15분에 한 번꼴로 여성 피해자가 나오고 있다고 한다. 한편 인도 여자는 시집 갈 때, 상상도 못할 만큼 결혼 지참금[dowry]을 챙겨가야 한다. 그러지 못해 여자가 시댁 식구들에게 매를 맞거나 폭행을 당해도 하소연할 곳이 없다.

고대에는 인도 여성 인권이 더 심각했다. 여자들은 그저 아이 낳는 존재로 여겼다. 이런 관념이 여성의 남성에 대한 본질적인 열등성을 강조해 인도인들은 여인을 남성과 동물 중간 정도의 존재로 보았다. 물론 이 점은 조선시대 여성도 비슷하다. 여성은 아이를 생산하는 기계(?)로 여겼고, 여성이 아이[특히 아들]를 낳지 못하면, '칠거지악七去之惡' 가운데 하나로 시댁에서 쫓겨났다. 이렇게 쫓겨난 여인은 친정에도 가지 못하고, 재혼도 못했다. 그 반대로 남성은 여러 부인을 거느릴 수 있었고, 새 장가를 가는 일은 당연지사로 여겼다.

그렇다면, 불교에서는 여성을 어떻게 보는가?! 불교도 인도 문화와 사상을 기반으로 형성된 종교이니, 여성 권익이 낮다. 하지만 다른 종교에 비하면 높다고 할 수 있다. 불자들이나 스님들끼리 인사할 때, 흔히 '성불하세요.'라고 한다. 이 성불成佛이라는 말은 모든 존재가 부처가 될 수 있는 위대한 인자[佛性]를 갖고 있기 때문에 부처님과 같은 성인이 된다는 뜻이다. 이렇게 모든 존재가 다 불성을 갖고 있으니, 당연히 여성도 포함

되어야 마땅하다.

그런데 종교도 사회 문화의 영향을 받는지라 여인은 성불할 수 없다는 '여인오장설女人五障說'이 있고, 정토학에서는 "여인은 극락에 갈 수 없다."고 하였다. 또한 여인은 깨끗하지 못한 존재여서 남성으로 한번 변했다가 성불한다는 '변성성불론變性成佛論'이 있고, 나이가 많은 비구니스님이 어린 동자스님에게 절을 해야 한다는 계율[비구니 팔경계八敬戒]이 있다.

하지만 석가모니 부처님 시대에는 비구니와 여인을 열등한 존재로 보지 않았다. 부처님 제자 가운데 비구 '10대 제일'이 있듯이 『증일아함』「비구니품」에 부처님의 뛰어난 비구니 제자들이 있다. 또한 수행력이 뛰어나 부처님께 칭찬받는 여인들도 많았다. 중국이나 우리나라 불교사에 성불한 여인이 많이 등장한다. 방거사의 딸 영조, 마조의 제자인 실제, 대혜종고의 무제·초종·자명·묘도·무착·진여 등 여섯 제자를 위시해서 헤아릴 수 없을 정도이다.

그럼에도 불구하고, 불교도 시대를 흘러오면서 여인을 하열한 존재로 관념화된 것이 사실이다. 깨어 있어야 할 모든 종교에서 여성 성직자는 남성 성직자와 동등한 대접을 받지 못하고 있다. 그나마 불교계 비구니스님은 비구스님들과 거의 동등한 대접을 받는다. 속 내부를 세밀히 보면, 심각한 차별이 도사리고 있지만….

조선 시대에 자비 스님이 있었다. 스님은 성질이 곧아 재상이나 벼슬아치를 만나도 굽히지 않았다. 그런데 스님은 어떤 물건이든지 물건을 일컬을 때 '돌님', '나무님', '사자님', '토끼님' 등으로 반드시 '님' 자를 붙였다.

이렇게 자연이나 동물도 존중하건만 어찌 여인을 함부로 대할 수 있겠는가?! 이제는 시대가 변했다. 여인을 '동등하게 보고 존중하는 것이야말로 참다운 인격의 척도다.

맹자는 "그대에게서 나온 것은
그대에게로 돌아간다〔出乎爾者 反乎爾者〕."고 하였다.
상대가 그대에게 거칠게 행동할 때〔果〕는
자신이 상대에게 거친 행동이나 말이 있었기 때문〔因〕이다.

리트머스지처럼

    근자에는 많은 사람들이 반려동물과 함께 산다. 자식
을 낳지 않고, 반려동물을 자식처럼 키운다는 이들이 있을 정
도이다. 이런 분위기 탓인지 유튜브(youtube)나 TV 프로그램에
도 동물과 관련된 내용이 많다. 며칠 전 TV에서 반려동물과 관
련된 내용을 보았다. 주인과 주변 사람들에게 해를 끼치거나
사나운 개(dog)를 전문가가 교화시키는 내용이었다. 그 내막은
이러하다.

    '봉구'라는 개가 주인공이다. 봉구의 엄마 보호자는 우울증
을 앓고 있었는데, 봉구를 만나 병이 호전되었다. 둘의 관계가
깊이 애착되어 갈 무렵, 보호자가 2년 동안 병원 생활로 봉구와
이별하였다. 시집간 딸이 친정집에 와서 개에게 밥만 주고 갔

고, 봉구는 홀로 집에서 보냈다. 다시 돌아온 엄마 보호자에 대한 봉구의 애착은 집착이라 할 정도로 컸다. 보호자가 개와 함께 있다가 일어나서 움직이면 따라가 주인 발을 물었다. 개를 교정시키는 전문가는 엄마 보호자가 어딘가로 가버릴 것 같은 불안감의 표현이라고 했다. 또한 봉구는 모르는 사람이 친절한 얼굴로 다가오면 봉구도 꼬리를 흔들며 좋아하는 반면, 다소 거친 표정으로 대하는 사람에게는 이빨을 으르렁거리며 경계심을 드러내었다. 다행히도 전문가에 의해 봉구는 좋지 않은 습관을 고치고 순한 개로 교정되었다.

선禪에서 '조주 무자無字' 화두가 있다. '개에게 불성佛性이 있느냐 없느냐?'는 화두이다. 근자까지도 간화선 선자禪者들이 가장 많이 들고 있는 화두이다. 사람과 가장 밀접한 동물로 선에서 이런 화두가 등장하였다. 필자가 말하는 것은 이 이야기가 아니다. 개와 관련된 내용을 통해 삶을 보았다. 개와 사람의 관계가 사람과 사람의 인연과 똑같다는 점이다.

인간과 인간·인간과 자연·인간과 반려견[동물]과의 인연 등 수많은 관계 속에서 살아간다. 그런데 대체로 상대방은 내가 원하지 않는 양상으로, 혹은 반대 방향으로 관계가 진행된다 [자신의 욕심대로 상대가 해 주기를 바라기 때문]. 그렇다면 두 사람의 관계에서 생기는 문제나 장애를 누구 탓으로 돌려야 할까?

엄밀히 따지면, 자기 자신으로부터 비롯된다. 그런데 우리는 자신이 아닌 상대를 탓한다. 반려동물이 행동하는 것이나 나와 함께 살아가는 배우자가 내게 보이는 행동이나 주변 사람들이 나를 대하는 것들은 리트머스지(litmus-紙, 붉은색과 푸른색의 두 가지가 있다. 붉은색 종이를 알칼리성용액에 담그면 푸른색으로 변하고, 푸른색 종이를 산성용액에 담그면 붉은색으로 변함)와 같은 성격을 지닌다. 그래서 상대방에 따라 악인도 될 수 있지만, 선인도 될 수 있는 것이 인간의 마음 구조이다.

맹자는 "그대에게서 나온 것은 그대에게로 돌아간다(出乎爾者 反乎爾者)."고 하였다. 상대가 그대에게 거칠게 행동할 때[果]는 자신이 상대에게 거친 행동이나 말이 있었기 때문[因]이다. 자신이 사람을 대하는 그 마음은 거울과 같다. 즉 상대가 자신에게 악의를 갖고 행동하면, 먼저 자신이 상대에게 악의를 내비쳤다는 점이다. 결국 악의는 악의로 되돌아오고, 선의는 선의로 되돌아온다. 인생은 부메랑과 같다.

인간과 모든 대상은 인과 속에 놓여 있다. 그래서 개인과 개인의 관계이든, 동물과 사람과의 관계이든, 생물과 사람과의 어떤 관계이든 간에 비난의 화살을 자신에게 돌리자. 밖에 보이는 모든 현상은 내 마음의 투영[거울의 작용]에 불과하다.

그런데 자신을 되돌아보지 않기 때문에 상대를 다중적이며, 이중적인 성격을 갖고 있는 것처럼 바라본다. 그 원인을 먼저 생각하면 되는데, 우리는 그렇지 못하다. 상대의 단순한 말꼬리를 가지고 끊임없이 이어가며 계속 악순환을 만들어낸다.

두 가지만 기억하자. 먼저 내가 상처 받고 싶지 않은 것처럼, 상대도 상처 받는 것을 원하지 않는다. 둘째 자신의 가치만이 최상이 아니다. 사람마다 소중히 여기는 가치 개념이 다를 뿐이다. 자신을 포함한 모든 인간의 이중성을 염두에 두고, 세상을 바라보자.

활인검 살인도

　　어떤 화가가 천사의 얼굴을 그리기 위해 모델을 찾아
다녔다. 그러다 우연히 20대 초반의 남자를 보고, 모델을 해 달
라고 부탁했다. 이 화가는 천사 같은 사람의 얼굴을 그렸다. 30
년 세월이 흐른 뒤, 이 화가는 악마의 얼굴을 그리기 위해 모델
을 찾아다녔다. 우연히 50대의 한 남자를 보고, 모델을 해 달라
고 제의했다. 이 화가가 그림을 다 그리고 난 뒤에 모델이 말했
다.

　　"제가 30년 전에도 당신에게 모델이 되어 주었습니다. 그런
데 이렇게 오랜 세월이 지나서 또 당신의 모델이 되었군요."

　　아마 독자님들은 무슨 뜻인지 이해했을 것이다. 나이 사십

이 되면 자기 얼굴에 책임을 져야 한다는 말이 있다. 단순히 얼굴을 예쁘게 다듬는 것을 말하는 것이 아님을 알아차렸을 것이다. 사람의 얼굴에는 그 사람이 살아온 성격과 품성이 그대로 드러난다고 할 수 있다. 곧 얼굴은 그 사람이 살아온 인격의 결정체라고 볼 수 있다.

그렇다면 어떻게 살아야 하는가? 정답은 없다. 정답이라면 인류사에 예수와 부처 등 4대 성인들의 말씀일 것이다. 하지만 인류사에 4대 성인을 비롯해 수많은 철학자들이 등장해 좋은 길을 제시하지만, 끊임없이 악인[범죄자]이 나오고 있다. 솔직히 필자는 오랜 시간 승려로 살아왔지만, 선인善人 되기가 쉽지 않음을 뼈저리게 느낀다. 어쨌든 올바른 길이 무엇인가 끊임없이 찾아야 하지 않을까? 인간이 어떻게 살아야 잘 살았다고 콕 집어 말할 수는 없지만, 순간순간 어떤 선택을 했느냐에 선악의 길이 있다고 본다.

불교에 '활인검活人劍 살인도殺人刀'라는 말이 있다.[5] 칼로 사람을 살리기도 하고 죽이기도 하는 것처럼, 사람의 마음을 칼에 비유한 것이다. 의사가 칼로 수술을 해 주면 사람을 살리는 데 쓰이지만, 칼로 사람을 해쳤을 때는 죽이는 데 쓰인다. 곧 칼을 좋은 쪽으로 쓸지, 나쁜 쪽으로 쓸지는 우리들 각자의 선택에 달려 있다. 이렇게 순간순간의 선택이 익숙해지는 습관이 되고, 그 습관은 인과因果를 만들어낸다. 그리고 인과는 자신의 업業(karma)으로 남는다.

두 사람[스님과 남자]이 걷고 있다. 갑자기 스님[일제 말기, 혜월 스님]이 그 남자[일본 순사]를 세게 밀어서 그를 넘어뜨렸다. 그 사람은 매우 불쾌하게 생각했다. 그러자 스님이 그 사람에게 손을 뻗어 미안하다고 하면서 그를 일으키며 말했다.

"방금 전에 내가 당신을 밀친 손은 죽이는 칼이요[殺人刀], 지금 당신을 일으킨 손은 당신을 살리는 칼이오[活人劍]."

그 사람은 스님이 자신에게 가르침을 주기 위해 행동했음을 알고 오히려 감사하다고 말했다. 어렵게 느끼는 독자님도 있을 것이다. 칭찬에 고래도 춤춘다고 하듯이 입으로 칭찬해서 그 사람에게 용기를 준다. 그런데 그 반대로 입으로 욕을 해서 영원히 씻을 수 없는 상처를 주기도 한다.

이처럼 우리 인간의 마음을 어느 방향으로 활용하느냐에 따라 성인 군자도 되지만, 천하의 악인도 되는 법이다. 결국 인생은 자신이 순간순간 선택한 것에 의해 자신의 인생을 자기가 만들어간다[→業]. 마음의 칼, 이 칼을 어느 쪽으로 선택할 것인지는 순전히 그대의 몫이다. 그대는 마음을 어느 쪽으로 많이 쓸 것인가?

5 이를 착안해 스님들이 참선하는 방[선방의 편액]을 '심검당尋劍堂'이라고 한다. 검을 찾는다는 뜻인데, 마음자리의 근원을 찾는다는 뜻이다. 이 공안은 스승이 제자를 제접할 때 자재한 작용을 칼에 비유하기도 하고, 선승들이 서로 선기禪機를 겨루는 데 활용된다.

선지식을 찾는 것도 중요하지만, 배우려는 구도 자세가 더 중요하다.
즉 같은 승려일지라도 자신보다 나이나 법랍이 적을지라도
배우려는 마음자세를 갖는 것이요, 비록 승려라 할지라도
재가자가 자신보다 나으면 그를 선지식으로 섬기는
구도 자세가 중요한 것이다.

겸손

　부처님께서 기원정사에 머물 때, 대중 가운데 우다이 비구가 있었다. 우다이는 부처님과 같은 도량에 머물면서도 스승에게 배우려는 구도심이 없고, 법에 대해 아는 체하며 교만을 부렸다. 기원정사에 처음 온 초학 비구들은 우다이 비구가 교학에 대해 많이 아는 줄 알고, 5온에 대해 질문했는데, 놀랍게도 우다이는 교학에 대해 전혀 몰랐던 것이다. 부처님께서 이를 아시고 "교만하고 어리석은 자는 성자와 늘 함께 있어도 공부하는 구도심이 부족하다."라고 하며 걱정하셨다.[6]

　간화선을 하든 위빠사나를 하든 그 어떤 수행도 첫걸음이 바른 스승을 만나는 일이다. 하지만 선지식을 찾는 것도 중요하지만, 배우려는 구도 자세가 더 중요하다. 즉 같은 승려일지

라도 자신보다 나이나 법랍이 적을지라도 배우려는 마음자세를 갖는 것이요, 비록 승려라 할지라도 재가자가 자신보다 나으면 그를 선지식으로 섬기는 구도 자세가 중요한 것이다.

조주종심(778~897)은 60세에 '세 살 어린아이라도 나보다 나으면 그에게 배울 것이요, 백 살 노인이라도 나보다 못하면 그에게 가르쳐 주리라.'라는 생각을 갖고 온 나라의 유명한 선지식을 찾아 발초첨풍撥草瞻風하였다. 조주는 80세가 되어서야 하북성 조주 관음원에 주석하였다. 조주가 14세에 출가하였으니 60세라고 하여도 법랍이 40여 년이 넘었을 터인데, 조주의 구도 정신을 가늠할 수 있을 것이다.

이렇게 조주 선사처럼 배움의 자세를 갖춘 거사가 있다. 당나라 때, 황삼랑黃三郎 거사는 마조馬祖(709~788) 문하에서 공부해 한 소식을 얻은 재가자이다. 황삼랑 거사는 아들이 둘이 있었는데, 두 아들이 모두 당대에 걸출한 선사였던 마조에게 출가하였다. 어느 해, 두 아들 스님이 집에 잠시 들렀다. 스님이 된 두 아들을 처음으로 본 아버지는 그들을 마치 살아 있는 부처님처럼 모셨다. 아버지는 스님들께 절을 올리고 이렇게 말했다.

"옛 사람이 말하기를 나를 낳은 사람은 부모요, 나를 완성시켜 주는 사람은 도반이라고 했습니다. 비록 두 스님은 제 자식으로 태어났지만, 출가자가 되었으니 저의 도반이나 다름없습니다. 부디 스님들께서 이 늙은이를 잘 이끌어 주십시오."

출가 전에는 하늘처럼 모셨던 아버지가 자신들에게 겸손하게 예를 갖추고, 선지식이 되어 달라는 부탁에 아들 스님들이 아버지에게 말씀드렸다.

"거사님이 비록 연세는 많지만, 수행하는 데 어려울 것이 하나도 없습니다. 거사님께서 도를 구하는 마음이 간절하시니, 저의 스승님을 소개해 드리겠습니다."

두 아들 스님들은 아버지를 마조 선사에게 인도하였다. 거사는 마조의 가르침으로 공부한 뒤 선사에게 이런 말을 하였다.

"제가 스님을 뵙지 못했더라면 일생을 어영부영 살다갈 뻔했습니다. 이렇게 늘그막에라도 스님을 뵙고 공부할 수 있게 되었으니, 마치 칼로 허공을 베어버린 기분입니다."

아마도 자신보다 아랫사람에게 고개 숙여 가르침을 구한 원조는 석가모니 부처님이 아닐까 싶다. 잡아함 45권 『회수경』에 전하는 내용으로 이 글을 마무리하고자 한다.

포살하는 의식이 범계를 스스로 반성하는 의식이라면, 자자 自恣는 90일간의 안거가 끝나는 마지막 날 밤에 대중들이 한곳에 모여 안거 기간에 계율 어긴 것에 대해 서로 지적해 주는 의식이다. 어느 해, 기원정사에서 안거 전날 500여 명의 대중이 모여 자자가 있었다.

제일 먼저 부처님께서 말씀하셨다.

"비구들이여, 혹시 이번 안거 기간 동안, 내가 신身·구口·의意 3업으로 비난받을 일을 했거나 혹은 그럴 만한 미심쩍은 행동이 있었다면 내게 지적해 주십시오. 지적해 주면 이 자리에서 참회하고, 대중이 따르는 의식을 지켜나갈 것입니다."

---

6 거해 편역 빨리어 『법구경』 게송 #64 참조, 고려원출판사, 1992.

4장

인생 마당

인간은 마음에 큰 상처를 받으면 건강이 악화되는 경향이 있다.
마음으로 일으킨 생각[心·意]이 몸에 파장으로 미치기 때문이다.
그런데 그 연결고리를 보자. 대부분
마음의 고통[번뇌]을 자기 스스로 만들어 내고,
몸의 고통까지 호소한다는 점이다【생각→몸→마음】.

누가 그대를 묶고 있는가?!

　　현대 문명이 고도로 발달하면서 그에 따른 다양한 병
이 생겨났다. 현대문명의 병 가운데 전자파에 알레르기 반응이
심한 질병이 있다. 전 세계적으로 이 같은 증상을 호소하는 사
람들이 매우 많다고 한다. 대체로 두통이 심하면서 몸이 아파
사회생활을 할 수 없을 정도라고 하니, 심각한 질병임에 틀림
없다. 그래서 어떤 이는 외출 시에 전자파 감지기를 갖고 다니
면서 전자파가 적은 길로만 다니고, 또 어떤 이는 전자파가 없
는 깊은 산속에서 홀로 살거나 일반 주택에 살아도 촛불을 사
용하면서 가족과 헤어져 살기도 한다. 또한 전자파를 차단하는
직물로 특수 제작한 복장을 착용하는 이들도 있다.

　　세계보건기구(WHO)에서도 '전자파과민증후군'을 인정하고

있으며, 스웨덴과 스페인에서는 공식증후군으로 인정하고, 프랑스에서는 장애 수당을 지급하라고 판결하였다.

그런데 전자파과민증후군 환자 중에 이상한 점이 있다. 전자파 알레르기로 고통 받는 사람들 중에 노시보 효과(nocebo effect)가 드러난 이가 적지 않다는 점이다. 즉 모든 전기가 차단되고, 인터넷도 연결되지 않았는데도 전자파로 인해 몸이 아프다고 통증을 호소한다는 뜻이다. 곧 전자파가 해롭다는 부정적인 믿음이 강해 (전원이 꺼진) 전구를 보거나 컴퓨터 옆에 있기만 해도 신체의 통증을 호소한다. 이렇게 과민 반응을 보이는 이들이 환자의 10% 정도라고 한다. 그렇다면 왜 이런 현상이 나타나는 걸까?

인간은 마음에 큰 상처를 받으면 건강이 악화되는 경향이 있다. 마음으로 일으킨 생각[心·意]이 몸에 파장으로 미치기 때문이다. 그런데 그 연결고리를 보자. 전반적으로 마음의 고통[번뇌]을 자기 스스로 만들어 내고, 몸의 고통까지 호소한다는 점이다【생각→몸→마음】.

조동종 석두희천石頭希遷(700~791) 스님에게 어느 승려가 와서 물었다.

"어떤 것이 해탈입니까?"

"누가 자네를 속박했는가?"

"어떤 것이 정토입니까?"

"누가 자네를 더럽혔는가?"

"어떤 것이 열반입니까?"

"누가 생사를 짊어지게 했는가?"

如何才算是真正的解脫？誰綁住了你 什麼才是淨土？

誰汙染了你？什麼才是涅槃？誰把生死給了你？

– 『경덕전등록』

인간은 묶은 당사자도 없는데 스스로의 올가미에 묶여 괴로워한다. 번뇌가 일어난 근원지에서 보면, 속박하는 것도 더럽히는 자도 없다. 번뇌와 고통이라는 올가미를 스스로 만들어놓고, 힘들다고 하소연한다.

『숫타니파타』에도 이런 구절이 있다.

"세상 사람들은 환상과 생각에 사로잡혀 있다. 생각이 자기자신을 그릇되게 행동하도록 만든다[#1109]."

병이 사람을 죽이는 것이 아니라 그 '병'이라는 생각이 사람을 죽인다. 물론 물리적인 병이 더 많지만, 개중에는 자신이 만들어낸 생각에 의해 자신이 고통 받고 있다. 원인 없는 결과는 없다. 혹 몸이든 마음이든 고통이 있다면, 원인을 찾아보자. 그 근원점으로 거슬러 올라가 자신의 (그릇된) 생각이 똬리를 틀고 있지 않은지(?)를 살펴보라. 이런 원리를 깨닫고 독자님들께서 조금이라도 덜 힘들게 살았으면 싶다.

어느 시기가 되면, 아름다운 나비로 변할 수 있듯이
우리 인간도 무엇인가를 이룩할 힘이 구족具足되어 있다.
그 힘을 발휘하지 못하는 것은
자신이 스스로 만들어낸 나약함 때문이다.

애벌레, 나비가 되다

　　세계에서 가장 건조한 사막으로 불리는 사막은 칠레
의 안데스 산맥에 위치한 '아타카마'이다. 이 사막은 연평균 강
수량이 15mm 정도로 생명이 살 수 없는 곳이다. 이 사막의 어느
지역은 4천 년 동안 비가 내리지 않은 흔적이 있을 정도로 건
조하다. 이렇게 선인장조차 자라지 못하는 척박한 곳에 몇 년
전 대 이변이 일어났다.

　　기상이변인 엘니뇨현상으로 아타카마 사막에 한바탕 비가
쏟아졌다. 당시 사막 일부 지역엔 하루에만 23mm의 비가 내렸
다. 어느 누구도 믿지 못할 일이었는데, 더욱 놀라운 일이 발생
한 것은 그 다음날이다. 비가 그친 다음날부터 척박한 사막 땅
곳곳에 파란 싹이 돋아났다. 그러더니 그 싹에서 줄기가 생겨

나고, 며칠이 지나 줄기에서 꽃망울이 맺히더니 온통 분홍색의 당아욱꽃이 만발했다. 지구상 가장 척박해 어떤 생명도 자라지 못할 곳이 꽃밭으로 뒤덮인 것이다. 꽃으로 인해 그곳이 사막인지도 모를 정도였다.

이후 비가 내리지 않자, 다시 이전 척박한 사막으로 되돌아갔다. 그래도 새로운 사실이 발견되었다. 아무리 메마르고 척박한 곳일지라도 예쁜 생명을 성장시킬 (무한한) 능력이 있음을… 언제고 또 다시 비가 내리면, 이전보다 더 아름다운 세계가 드러날지도 모른다.

몇 백 년 혹은 몇 천 년 만에 무덤 안에서 씨앗이 발견된 일이 있었다. 학자들이 이 씨앗을 땅에 심었더니 줄기가 자랐다. 필자는 이런 일련의 일에서 '시절인연時節因緣'이라는 단어를 떠올렸다. 시절인연은 사람 사이의 인연이 되어 만나는 것이든, 어떤 일을 성취하는 것이든 때가 되어 인연이 합해 원하는 일이 이루어지는 것을 뜻한다. 원래 이 말은 (참선·명상하는) 선禪 용어이다.

23세의 위산영우(771~853)가 스승 백장(749~814)을 찾아갔다. 위산이 백장 문하에 머물러 수행을 하던 어느 날, 백장이 위산에게 말했다.
"화로에 불씨가 있는지 헤쳐 보아라."
위산이 화로 안을 뒤적인 뒤에 말했다.

"불씨가 없습니다."

백장이 다시 화로를 뒤적이며 조그만 불씨를 찾아내어 영우에게 보여주며 말했다.

"이것이 불씨가 아니고 무엇이냐? … 경전에 이르기를 '불성을 보고자 한다면 시절인연을 잘 관찰하라.'고 하였다. 시절이 도래하면 미혹했던 것을 곧 깨닫게 되고, 잃었던 것을 기억하여 본래부터 자기의 물건이요, 다른 사람으로부터 얻는 것이 아님을 깨닫게 되리라."

— 『경덕전등록』

시절인연은 사람이 깨달을 수 있는 성품[佛性·自性·本性]을 구족하고 있는데, 수행을 통해 어느 시기[인연]가 되어 깨닫는 것을 이른다. 트리나 폴러스, 『꽃들에게 희망을』 내용 중에도 이런 말이 있다.

"내 눈앞에 보이는 것은
단지 솜털투성이의 한 마리 애벌레뿐인데
나의 내부에 그리고 당신의 내부에
한 마리의 나비가 들어 있다고 어떻게 믿을 수 있어요?"

우리 인간은 비록 애벌레처럼 부족한 중생이지만, 아름다운 나비가 될 수 있는 무한한 힘이 내재內在되어 있다. 어느 시기가 되면, 아름다운 나비로 변할 수 있듯이 우리 인간도 무엇인가를 이룩할 힘이 구족具足되어 있다. 그 힘을 발휘하지 못하는 것은 자신이 스스로 만들어낸 나약함 때문이다. 나이키 창업자인 미국의 빌 바우어만(Bill Bowerman, 1911~1999)은 이런 말을 하였다.

"당신이 필요로 하는 모든 것은 이미 당신 안에 갖추어져 있으니 그냥 하기만 하라[Everything you need is already inside. Just do it]."

척박한 사막이 인연 되어[비가 내려] 아름다운 꽃을 피워내듯, (번뇌 가득한) 중생일지라도 부처가 될 수 있는 성품을 구족하고 있다. 그대 자신을 과소평가하지 말라!

인생은 리허설이 없다

　　이런 이야기가 있다. 아버지와 아들이 말을 끌고 간다. 이를 보고, 사람들이 수군거렸다.

　"저 사람들, 참 멍청하네. 누구라도 타고 가면 되지."

　두 사람이 이 말을 듣고, 아들이 아버지를 말에 태우고 길을 갔다. 그런데 지나가던 행인이 수군대며 말했다.

　"아들이 불쌍하네요. 어찌 아버지가 아들 사랑하는 마음이 없을까?"

　아버지가 이 말을 듣고, 내려서 아들을 말에 태우고 자신은 고삐를 잡고 걸었다. 또 한참을 걷고 있는데, 길가에서 사람들이 웅성대며 말했다.

　"참으로 불효자식이군. 어찌 아버지가 고삐를 잡고 가게 하지. 아들이 아비를 태워야지."

　사람들의 수군대는 말을 듣고, 두 사람이 함께 말에 올라탔다. 이렇게 또 한참을 가고 있는데, 사람들이 웅성거리며 말했다.

　"아무리 말 못하는 짐승이라도 그렇지, 말이 불쌍하군. 어찌 말 한 마리에 두 남자가 타고 가지…."

　과연 어떤 사람들의 말이 옳은가? 어떤 사람의 말을 따라야 현명한가? 틀린 것도 없지만 맞는 답도 없다. 어떤 것이 최선이라고 할 수도 없다. 만약 필자가 사람들에게 "이 세상의 종교 가운데 부처님 진리가 최고이다."라고 한다면, 어떠하겠는가? 결론부터 말하면, 결코 옳지 못한 행동이다. 『종용록』 65칙 수산신부首山新婦를 살펴보자.

　어떤 사람이 수산 성념에게 물었다.
　"부처란 무엇입니까?"
　"며느리를 나귀 등에 태우고, 시어머니가 고삐를 잡고 길을 간다."

　공안 '수산신부'는 부처로 상징되는 진리가 무엇이냐는 질문인데, 도덕적·보편적인 개념이 아닌 격외格外의 도리를 말하고 있다. 스님의 답에 시어머니와 며느리의 위치가 바뀌었다.

앞의 이야기처럼 가다가 시어머니와 며느리의 위치가 바뀔 수도 있고, 나귀에 둘이 탈 수도 있으며, 나귀에 아무도 타지 않을 수도 있다.

『금강경』에 "무상정등각이라고 할 만한 정해진 법이 없다[無有定法 名阿耨多羅三藐三菩提]."고 하듯이 일정한 정답이 없다. 부처님께서는 최고 진리라고 집착하는 법상法相조차 버리라고 하였다. '부처가 ○○이다.'라고 정의할 수 없듯이 어떤 행이든 언어이든 삶의 어느 언저리에서든 타인에 끌려가지 않는 주관과 자신만의 개념을 강조한다.

학생들에게 진로를 물으면, 대부분 학생들의 답이 한결같다. 이름 있는 회사, 높은 연봉, '사'자가 들어 있는 직업 등등. 학생들에게 내색은 하지 않지만, 안타까울 때가 있다. 모든 사람들이 일률적으로 생각한다고 해서 인생길의 정답이라고 할 수 없다. 인생은 누구의 것인가? 남이 내 인생을 살아주지 않는다. 단 한 번의 삶이요, 리허설이 없는 것이 인생이다. 그러니, 무엇보다도 타인의 눈길을 의식하지 말자. 자신만의 인생길, 즐김의 삶을 만들어 보자.

비바람과 태풍을 이겨내야 한 송이 국화꽃이 피어나듯
인생도 마찬가지다.
어느 누군들 흔들리는 고통이 없을 것이며,
고난 없는 인생이 어디 있겠는가?

현관玄關

우리가 일상에서 쓰는 '현관'이 불교에서 비롯된 말인 줄 알고 있는 사람은 많지 않을 성싶다. 집에 들어섰을 때, 제일 먼저 현관玄關이 나온다. 현관을 지나야 깊숙이 자리 잡은 안방과 부엌에 들어설 수 있다.

'관關'이라는 말은 일반적으로 선禪에 드는 어귀를 말한다. 즉 깊고 묘한[玄] 도에 들어가는 단서端緒를 말하기도 한다. 그윽한 이치[玄]에 드는 관문關門으로 일종의 통과의례와 같은 거라고 볼 수 있다. 선에서는 깨달음의 세계로 나아가기 위해 반드시 통과해야 하는 문이다. 흩어지고, 분산되어진 망상덩어리의 자신을 하나의 길[상대적→절대적인 인식]로 접어드는 것이다. 이 절대적인 경지에 들기 위해서는 뼈저린 수행, 힘든 여정의 길을 견뎌야 한다. 관문을 통과해 깨달음의 길로 접어드는 법이니, 어떤 수단으로도 피해갈 수 없다. 세상에 공짜가 없듯 이 깨달음의 길도 그만큼의 여정을 겪어야 한다는 뜻이다.

이에 선사들은 세 가지 관문을 제자들에게 제시하며, 학인으로서 공부를 점검하고 참구토록 하였다. 선사들은 마치 관문을 지키고 서 있는 무서운 수문장처럼 이 문을 통과하라고 소리치고 있다. 대체로 선사들은 세 가지 단계[삼관]를 제시한다. 유명한 삼관에는 『무문관』 47칙인 도솔종열兜率從悅(1044~1091)의 도솔삼관이 있고, 황룡혜남黃龍慧南(1002~1069)의 황룡삼관, 고봉원묘高峰原妙(1238~1295)의 실중삼관室中三關 등이 유명하다.

그런데 이런 관문이 우리 중생의 삶에도 있다. 삶 자체가 고난의 역사이다. 사연 없는 사람이 없고, 어느 누구든 반드시 겪어야 할 일과 고난이 주어지는 법이다. 즉 어둠의 통로를 거쳐야 자신이 원하는 목적지에 이른다. 서정주의 〈국화 옆에서〉 시 구절에 이런 내용이 있다.

"그립고 아쉬움에 가슴 조이던 머언 젊음의 뒤안길에서
인제는 돌아와 거울 앞에 선 내 누님같이 생긴 꽃이여."

시인은 누님이 젊은 시절에 힘겨웠던 고난을 겪고, 나이가 들은 뒤 여유를 갖고 젊은 시절을 관조하는 것을 꽃에 비유했다. 앞의 시 구절 다음은 "노오란 네 꽃잎이 피려고 간밤에 무서리가 저리 내리고 내게는 잠도 오지 않았나 보다"이다. 곧 꽃 한 송이는 비바람과 태풍, 무서리 등 자연의 역경을 견뎌냈기에 한 생명을 피워내는 것이다.

'인생이 힘들다'고, '누군가 나를 비난한다'고, '소중한 가족을 잃었다'고, '내 재산이 탕진되었다'고…. 쉽게 좌절하거나 포기하는 이들이 있다. 심지어 극단적인 선택을 하는 이들도 있다. 비바람과 태풍을 이겨내야 한 송이 국화꽃이 피어나듯 인생도 마찬가지다. 어느 누군들 흔들리는 고통이 없을 것이며, 고난 없는 인생이 어디 있겠는가?

미국의 오프라 윈프리(1954~)는 흑인 여성으로서 자신의 이름을 내걸고 30여 년간 토크쇼를 한 인물이다. 그녀는 미혼모의 딸로서 불우한 가정에서 성장했지만, 세계에서 가장 영향력 있는 100인, 미국의 영향력 있는 10인에 포함될 정도로 성공적인 인생으로 가꾸었다. 그녀는 UN 선정 '세계 지도자상'을 받기도 하였다. 감히 몇 줄로 그녀의 불행했던 인생을 표현할 수 있겠는가(?)만은 그녀는 인생에서 겪어야 할 관문을 뛰어넘었기에 성공할 수 있었다고 본다. 그녀는 이런 말을 하였다.

"실패하라. 그리고 다시 도전하라. 이번에는 더 잘해 보라. 넘어져 본 적이 없는 사람은 단지 위험을 감수해 본 적이 없는 사람일 뿐이다."

수행자가 참 자유, 해탈하기 위해 숱한 좌절과 힘겨운 관문
을 통과해야 하듯이 어떠한 고통스런 시련에도 좌절하지 말자.
인생의 통과의례라고 받아들이자. 그 관문을 통과하면, 자신이
얻고자 하는 환희가 그대를 기다리고 있을 것이다.

자신의 능력 이상으로 욕심을 부리다 보니,
심리적인 불안과 정신적인 고통을 안고 살아갈 수밖에 없다.
그러니 물건을 버리고, 적게 사용한다고 해서
미니멀 라이프적인 삶이라고 할 수 있겠는가?!
진정 버려야 할 것은 버리지 못하는데,
물건을 없앤들 무슨 의미가 있을 것인가?

참 미니멀 라이프

자루에 쌀 석되
화롯가엔 땔나무 한 단
밤비 부슬부슬 내리는 초막에서
두 다리 한가로이 뻗고 있네.

　　　양관良寛(1758~1831) 스님의 시구이다. 도시에 살고 있
는 독자들이라 해도 시구 내용이 수채화처럼 그려질 것이다.
아마 어떤 독자는 근자에 유행하는 '미니멀 라이프'를 떠올렸
을지도 모른다. 미니멀 라이프란 불필요한 물건이나 일 등을
줄이고, 일상생활에 꼭 필요한 물건으로 살아가는 '단순한 생
활방식'이다. 쓰나미처럼 밀려오는 과도한 물질문명에 현대인

들이 환멸을 느끼면서 자연스럽게 등장한 것이 아닌가 싶다.

한편 절제를 통해 최대한 돈을 쓰지 않으며, 일상생활과 직결되거나 건강에 관련되지 않으면 소비하지 않는 것을 말한다. 불필요한 것을 제거하고, 사물의 본질만을 남기어 단순함을 추구하는 예술 및 문화 사조인 미니멀리즘(minimalism)의 영향을 받아 몇 년 전부터 유행하고 있다. 어느 글에서 보니, 일본의 어느 여기자는 신문사를 그만두고, 식비와 목욕비 등 최소 비용으로 살면서 글을 쓰며 살아가고 있다.

현대인들의 이런 지향성을 보고, 수도자의 모습을 떠올렸다. 옛날 고대 인도인들의 삶도 이와 유사하다. 고대 인도에서는 출가수행자가 아니더라도 인생을 4주기로 나누어 살았다. 첫째 학습기, 어린 시절 인생에 필요한 공부를 한다. 둘째 가주기家住期, 집에 머물며 결혼을 하고 자식을 낳아 기르며 한 가정을 꾸려 나간다. 셋째 임서기林棲期, 나이가 들어 숲에 머물며 명상을 한다. 넷째 유행기遊行期, 가족들에게 번거로움을 끼치지 않기 위해 먼 곳으로 떠나 홀로 조용히 죽음을 맞이하는 것이다. 곧 삶에서 누릴 만큼 인생을 살았다면, 더 이상 욕심 내지 말고 명상하면서 자신의 인생을 관조觀照하라는 고대 인도인들의 지혜가 담겨 있다.

미니멀 라이프는 바로 인생 4주기의 임서기와 유행기를 닮아 있다. 그런데 필자는 미니멀 라이프가 삶의 최선이니, 모든 사람이 이렇게 살아야 한다고 생각하지 않는다. 사람마다 각자

취향이 다른데, 무조건 물건을 버리고 사는 것만이 옳은 방법이라고 보지는 않는다. 그렇다고 미니멀 라이프를 지향하는 분들을 지탄하는 것은 절대 아니다.

버린다는 것! 단순한 삶을 지향한다는 것!

무엇을 버리고 단순해야 하는가?

필자는 진정 버려야 하는 것은 과도한 욕심이라고 본다. 이기적인 방법으로 명예를 얻고, 수단 방법을 가리지 않고 돈을 버는 이들이 적지 않다. 바로 이런 과욕과 명예에 대한 허영심을 버려야 한다. 역사적으로 동서양을 떠나 정치인이든 경제인이든 명리를 이용한 과욕 때문에 추락하는 인물이 대부분이다. 결국 과욕으로 인해 죽음을 당하거나 나락에 떨어진다. 우리나라의 경우에도 최고 권력을 누린 이들이 한결같이 감옥으로 직행하고 있지 않은가?

자신의 능력 이상으로 욕심을 부리다 보니, 심리적인 불안과 정신적인 고통을 안고 살아갈 수밖에 없다. 그러니 물건을 버리고, 적게 사용한다고 해서 미니멀 라이프적인 삶이라고 할 수 있겠는가?! 진정 버려야 할 것은 버리지 못하는데, 물건을 없앤들 무슨 의미가 있을 것인가?

이런 유행을 통해 인생에서 진정으로 소중한 가치가 무엇인지, 삶의 본질이 어떤 것인지를 찾아 자기 본연의 모습을 발견하는 것이야말로 미니멀 라이프의 참 의미가 아닐까 생각된다.

중생에게 생명이 있다는 것만으로도 고苦가 있기 마련이다.
삶 자체가 고의 연속이라고 하지 않던가?!
태어나서 성인으로 성장하는 그 자체만으로도 인생의 승리자이다.
어떤 고난일지라도 묵묵히 견뎌온 보통의 우리 삶이
바로 승리한 인생이요, 성공한 인생이다.
인욕을 먹고 자란 나무가 우뚝 고목으로 존재하듯이 …

고목과 노년 인생

　나무! 그것도 고목! 왠지 단어만 언급해도 숙연해진다.
신영복 님은 나무를 예찬하면서 '나이가 들수록 아름다워진다'
고 하였다. 고목으로 존재한다는 것, 순탄치 않은 세월을 이겨
내고 우뚝 서 있음을 의미한다.

　우리네 인생처럼 나무의 삶도 결코 수월치 않다. 고목으로
자라기 위해서는 극복해야 할 일들이 많다. 먼저 작은 나무였
을 때 큰 나무 때문에 성장하지 못하고 사라지기 쉽다. 또한 나
무는 한곳에 머물러 있다 보니 가지가 찢기고, 여름날의 세찬
비바람을 견뎌야 하며, 추운 겨울의 한파를 이겨내야 한다. 뿐
만 아니라 숱한 짐승들과 벌레들의 공격도 견뎌야 고목으로 성
장할 수 있다. 추위와 더위, 폭풍우의 매서움, 새와 벌레들의 쪼

임 등 숱한 고난을 딛고서야 고목이 되는 것이다.

허당지우盧堂智愚(1185~1269)는 "눈이 내린 뒤에야 비로소 소나무와 잣나무의 지조를 알 수 있다[雪後始知松柏操]."고 하였다. 소나무가 비바람에 굴복하지 않고 천년의 푸르름을 간직하고 있어 옛 고승들은 소나무를 부처님으로 보고 솔바람 소리를 부처님의 설법으로 들었다. 한편 역경을 견디며 어리석은 듯 수행하는 선을 나무에 비견해 고목선枯木禪이라고 한다. 절구통처럼 한 자리를 지키며 묵묵히 수행하는 선자禪者를 지칭하기도 한다.

상처가 깊은 고목을 보면 세월의 거친 풍상을 겪어낸 존재로서 더 우뚝해 보이고, 뭇 생명들의 안식처로 푸근하게 다가온다. 숲속에서 더 이상 보존되지 못하고 잘려서 가옥의 목재로 활용되는 경우에도 나무는 사람들의 쉼터가 되고, 안식처를 제공해 준다. 동서양을 막론하고 옛날부터 사람들이 고목을 예찬하고, 영혼이나 신이 있다고 하면서 고목을 숭배하는 이유 또한 무심함 속에서 수많은 고난을 받아들이고 견디어낸 처절함이 있기 때문이 아닌가 싶다.

한편 나무가 성목成木이 되는 과정에서 주위의 작은 나무나 풀이 자라지 못하고 사라진다는 것도 염두에 두어야 한다. 한 나무가 우뚝 성장하기 위해서는 매정함 같은, 자신에게 이율배반적인 것 같은 어설픔을 이겨내는 의지가 있어야 하는 것이다.

바로 이 고목의 삶처럼, 노년에 이른 인생도 그러하다. 중생에게 생명이 있다는 것만으로도 고苦가 있기 마련이다. 삶 자체가 고의 연속이라고 하지 않던가?! 태어나서 성인으로 성장하는 그 자체만으로도 인생의 승리자이다. 어떤 고난일지라도 묵묵히 견뎌온 보통의 우리 삶이 바로 승리한 인생이요, 성공한 인생이다. 인욕을 먹고 자란 나무가 우뚝 고목으로 존재하듯이….

　　현실에서 발생하는 문제와 직면해 지혜롭게 헤쳐 나가야 한다. 다만 그냥 세월이 아니라 고목이 모든 것을 수용하듯이 안으로 마음을 관조觀照하는 삶이어야 한다. 어느 누가 뭐라고 해도 인내와 고독을 이겨낸 그 세월, 노년의 그대는 충분히 훌륭하다. '나이들었다'고, '노년'이라고 움츠리지 말자. 당당하게 어깨를 펴자.

상대에게 타격을 가한 후 즉시 정상적인 자세로 되돌아와
다음에 일어날 변화에 대응할 수 있도록 태세를 갖춘다는 뜻이다.
삶에 방심하지 않겠다는 자세이다.

잔심殘心

몇 년간 종단 소임[대한불교조계종 불학연구소장]을 살
았다. 내가 몸담고 있는 조계종을 관장하는 곳[총무원]에서 교
육 담당을 맡았는데, 얼마 전에 사직했다. 스님들은 계약직도
아니고, 몇 년간 근무해야 하는 의무는 없다. 그곳을 사직하면
서 아쉬움도 컸다. 일이 싫어서도 아니고, 주위 사람들과 불편
해서도 아니다. 본래 하던 강의와 원고 쓰기를 위해 사직을 선
택했다. 그곳을 그만두기 전부터 늘 이런 생각을 품고 있었다.
'사람들과 서로서로 좋은 인연일 때, 그리고 서로에게 아쉬움
이 남아 있을 때 그만두자.' 좋은 마무리[廻向]를 꿈꿨었다.

인생으로 치면, 젊을 때 어떻게 살았든 간에 나이 들어서 멋
지고 우아하게 늙는 것이 성공한 삶이라고 하듯이 말이다. 끝

이 좋아야 모든 것이 다 좋다는 말이 있다. 박수칠 때, 떠나야 한다고 하지 않던가? 필자가 잠깐 몸 담았던 곳을 정리하던 시기가 마침 12월이다. 정연복 님의 '12월' 시구에 "뒷모습이 아름다워야 정말 아름다운 사람이다."라는 내용이 있다. 1년의 삶을 정리하는 시점인 마지막 달을 보내면서 만감이 교차한다.

몇 달 전의 일을 잘했었다면 지금은 좋았을 거라는 후회나 아쉬움은 없다. 인간은 늘 자신의 언저리를 되돌아보면서 살게 된다. 날마다, 한 달 단위로, 혹은 1년 단위로, 몇 년 단위로 자신의 인생 정리를 하게 된다.

잔심殘心이라는 단어가 있다. 10여 년 전에 어느 책에서 이 단어를 대하고, 마음에 새겨 두었던 단어이다. 출처를 찾아보니, 불교 용어는 아니고 검도에서 사용하는 단어이다. 상대에게 타격을 가한 후 즉시 정상적인 자세로 되돌아와 다음에 일어날 변화에 대응할 수 있도록 태세를 갖춘다는 뜻이다. 삶에 방심하지 않겠다는 자세이다. 무엇을 위한 삶이고, 최선의 삶이 어떤 길인가? 삶의 변화가 있는 즈음, 그리고 마지막 달 12월에 다음 새로운 길을 모색키 위해 마음을 추스린다.

병이 난 것에는 육신의 사대 하나하나가 실체가 없는 것이요,
병으로 마음이 괴롭다고 하지만 이 괴로움의 실체 또한 없다.
지금까지 말한 내용은 불교 사상의 핵심인 공空 사상의 한 측면이다.
이 공 사상에 입각해 '욕심내지 말라'는 무소유 사상이 나온 것이요,
육신의 고통과 삶의 괴로움을 초탈하라는 의미가 담겨 있다.

누가 아픈가?

고려 말기에 나옹혜근 스님과 매우 가까운 사대부 유
생이 있었다. 이 사대부가 병이 나자, 나옹 스님이 사대부에게
'병문안에 부치는 글'이라는 내용의 이런 편지를 보낸다.

"그대의 병이 중하다고 들었다. 그것은 무슨 병인가? 몸의
병인가, 마음의 병인가? 몸의 병이라면 몸은 지·수·화·풍의
네 가지 요소가 잠시 모여 이루어진 것, 그 네 가지는 저마
다 주인이 있는데, 그 어느 것이 그 병자인가? 만약 마음의
병이라면 마음은 꼭두각시와 같은 것, 비록 거짓 이름은 있
으나 그 실체는 실로 공空한 것이니 병이 어디에서 일어났는
가? 그 일어난 곳을 추궁해 본다면 난 곳이 없을 것이다. 그

럼 지금의 그 고통은 어디에서 오는 것인가? 또 고통을 아는 그것은 무엇인가? 이와 같이 살피고 살펴보면 문득 크게 깨칠 것이다. 이것이 내 병문안이다."

아마 불교신자가 아닌 분들은 '도대체 무슨 말을 하는 건가?'라고 생각할 수도 있을 것이다. 간단히 풀어보면 이러하다. 불교에서는 인간의 육신이 물질적인 지地·수水·화火·풍風 4대로 구성되어 있다고 본다. 병이 나면, 지·수·화·풍 4대가 조화롭지 못해서 생겨난 것이다.

그렇다면 지대地大가 병이 난 것인가? 수대水大가 병을 일으킨 것인가? 화대火大가 병이 난 것인가? 풍대風大가 병을 일으킨 것인가? 어느 무엇이 병을 만들었고, 어느 것이 병든 것이라는 답이 없다. 지·수·화·풍, 네 가지가 함께 모여 인간의 육신을 이룬 것처럼, 4대 가운데 그 어떤 것도 병을 만든 주범이 따로 없는 것이다.

다음은 마음의 문제이다. 병이 나면, 당연히 마음이 괴롭다. 마음이 괴롭다고 하는데, 그 괴로움이 일어나는 근원지가 관건이다. 어디라는 장소의 근원지를 모르기 때문이다.

『아함경』에 "두 번째 화살을 맞지 말라."는 말이 있다. 곧 병 때문에 육신이 괴로운데, 마음까지 괴로움에 끄달려 가지 말라는 것이다. 또 마음에 괴로움이 생겼는데, 그 괴로운 마음을 계속 연장시켜서 또 다른 괴로움을 일으키지 말라는 뜻도 담겨 있다.

　그럼 내용을 정리해 보자. 병이 난 것에는 육신의 사대 하나 하나가 실체가 없는 것이요, 병으로 마음이 괴롭다고 하지만 이 괴로움의 실체 또한 없다. 지금까지 말한 내용은 불교 사상의 핵심인 공空 사상의 한 측면이다. 이 공 사상에 입각해 '욕심내지 말라'는 무소유 사상이 나온 것이요, 육신의 고통과 삶의 괴로움을 초탈하라는 의미가 담겨 있다. 어쨌든… 이 세상에 병으로 고통 받는 환자들이 조금이나마 덜 아프기를, 쾌차하기를 간절히 소망한다.

결국 자신에게 보이는 것들은 모두 자신의 책임이다.
한편 자신이 체험하면서 느끼는 사유思惟, 불교적으로 의업意業 또한
자신이 살아오면서 선택[善과 惡]한 것에 대한 결과이다.
곧 자신의 인격은 자신이 살아온 '모든 업의 결정체'인 셈이다.

순간의 선택이 인생을 좌우한다

오래 전에 읽은 내용인데, 출처는 기억나지 않는다. 선과 관련된 책에서 보았던 기억만 남아 있다. 그 내용을 각색해 보았다.

작은 절에 두 형제 스님이 살았다. 형은 학식이 뛰어나고 지혜가 수승했으나 동생은 한쪽 눈이 안 보이는 장애가 있는데다 학식 또한 부족했다. 어느 날, 이 작은 절에 한 객승이 찾아왔다. 객승은 스님들에게 저녁에 시간을 내서 진리를 논하자고 청했다. 형 스님은 동생 스님에게 "자네는 말과 지혜로는 저 분을 상대할 수 없으니, 저 스님이 어떤 말을 해도 침묵만 지켜라."라고 일러두었다.

몇 분이 지나 객승이 형 스님을 찾아와 감탄을 하며 말했다.

　　"스님의 아우는 정말 뛰어납니다. 불법을 논하는 데 있어 저를 이겼습니다. 처음에 저는 부처의 깨달음을 상징하는 의미로 한 손가락을 들어 올렸지요. 그랬더니 그는 두 손가락을 들어 올리더군요. 곧 부처와 가르침은 하나라는 뜻이겠지요. 나는 세 손가락을 들면서 부처와 가르침과 승려[불·법·승], 3보를 제시했습니다. 그랬더니 그는 주먹을 면전에서 흔들더군요. 그 세 가지 모두가 하나에서 비롯된다는 것을 말했습니다. 저는 더 이상 그의 지혜를 당할 수가 없었지요. 어쨌든 아우 스님은 대단히 훌륭합니다."

　　말을 마치고 객승이 떠나자, 동생 스님이 잔뜩 화가 나서 헐레벌떡 뛰어오더니 객승의 행방을 물었다. 그러더니 화가 난 목소리로 말했다.

　　"글쎄, 저 객승이 저를 보는 순간 한 손가락을 내보이며 저를 한쪽 눈이 없는 장애인이라고 모욕을 주었습니다. 저는 화가 났지만, 손가락 두 개를 내보이며 두 손은 정상이라고 했습니다. 그랬더니 그 객승은 손가락 세 개를 내 보였습니다. 우리 두 사람의 눈이 합쳐서 세 개뿐이라는 거지요. 어찌나 화가 나던지 한 대 치려고 주먹을 들었더니, 그 객승이 갑자기 뛰쳐나가지 않겠습니까?"

　　앞의 이야기를 읽으면서 '저런 어리석은 사람들…' 하며 웃을 것이다. 하지만 앞의 이야기처럼 우리 모두는 다 저렇게 살아간다. 자기 방식대로, 제멋대로 해석한다는 점이다.

간혹 억울하게 상대로부터 오해 받을 때가 있다. 분명 자신의 의도와는 다르게 흘러가 아무리 '아니다'라고 외쳐도 상대는 생각을 바꾸지 않는다.

그렇다면 반대로 생각해 보자. 자신도 자신만의 잣대대로 상대를 평가하고 왜곡 해석해서 상대를 눈물 짓게 하지 않았는가를… 분명 있었을 것이다. 자신은 보편적인 기준으로 보았다고 하지만, 상대는 억울해하고 원망했을지도 모른다. 대체로 사람들은 자신이 가해한 입장은 기억하지 못하고, 피해당한 입장만 부각시켜 기억하기 때문이다.

이성계와 무학 대사가 대화를 하는 와중에 이성계가 무학 대사에게 "돼지처럼 생겼다."고 하자, 무학 대사는 이성계에게 "부처같이 보인다."고 하였다. 무학 대사의 부처 같다는 말에 의아해하는 이성계에게 이런 말을 한다. "돼지 눈에는 돼지만 보이고, 부처 눈에는 부처만 보입니다."

결국 자신에게 보이는 것들은 모두 자신의 책임이다. 한편 자신이 체험하면서 느끼는 사유思惟, 불교적으로 의업意業 또한 자신이 살아오면서 선택[善과 惡]한 것에 대한 결과이다. 곧 자신의 인격은 자신이 살아온 '모든 업의 결정체'인 셈이다.

평소에 우리가 생각하고, 말하고, 행동하는 모든 것들에 의해 자신의 인격이 형성되고, 삶이 벌어진다. 모든 것들은 자신에 의해 만들어진다. 사람 관계에서든, 어떤 일에 있어서든 문제가 생기면, 곧 자신에 의해 벌어진 것임을 알아야 한다. 그러니 혹 좋지 않은 일이 발생했을 때, 상대를 원망하지 말자. 모든 것을 자기 탓으로 돌리자.

옛 선사들은 편지를 쓸 때, 자신을 지칭해
"어리석은 중" "모자란 중"이라며, 겸허함을 표현했다.
자신을 다독이는 자신에 대한 견제였다고 본다.

진짜 어리석음[眞愚]

　　주위에 똑똑한 사람이 있다. 그분은 여러 학문 분야에
기웃기웃하며 활기차게 일을 하고 있다. 다만 아쉬운 것은 그
분이 '자신만이 여러 분야에 뛰어난 인재'이며, '자신이 아니
면 어느 누구도 할 수 없다'는 자만심이 가득 차 있다는 점이
다. 하지만 그분은 다양한 일과 여러 분야의 학문을 겸하다 보
니, 어느 한 분야의 전문가로 보이지는 않는다. 그분을 볼 때마
다 이런 생각을 한다. '조금 모자란 듯, 어리숙한 지혜가 있다
면 얼마나 좋을까?' 사람이 영리해지기는 쉬워도 어리석어지
기는 힘들다고 하였다. 참 재덕을 갖춘 자는 깊이 감추어 드러
내지 않는 법이거늘…. 『채근담』에 이런 말이 있다.

이름을 자랑함은 이름을 숨기는 것만 같지 못하고,

일에 익숙한 것이 일을 덜어 어찌 한가로움만 하겠는가!

矜名不若逃名趣 練事何如省事閒

자신의 명성이 조금 높아졌다고 이를 빌미삼아 과시하거나 자신을 지나치게 노출시켜 우쭐대는 모습은 마치 광대와 같다. 즉 사리에 숙달해 자랑하기보다는 자신의 능력을 감춤으로써 그윽한 면모를 품고 있는 사람이 '참 자유인'이 아닐까 생각된다.

수행에서도 그러하다. 선자禪者들이 깨달음의 경지는 오르기 쉬워도 이를 초월한 우직함[어리석음]에는 도달하지 못하는 경우가 있다. 그래서 선사들 중에는 자신의 이름에 '우愚'나 '눌訥' 자를 쓴 분들이 많다. 고려 때의 보조지눌普照知訥(1158~1210)과 태고보우太古普愚(1301~1382)가 그러한 예다. 또 옛 선사들은 편지를 쓸 때, 자신을 지칭해 "어리석은 중" "모자란 중"이라며, 겸허함을 표현했다. 자신을 다독이는 자신에 대한 견제였다고 본다.

고려 시대 정각국사靜覺國師 지겸志謙(1145~1229)은 『종문원상집宗門圓相集』을 저술한 선사이다. 어린 나이에 출가해 천품이 영특하고, 내외전에 통달해 당시 사람들의 존경을 받았다. 25세에 지겸이 승과를 보기 위해 준비했는데, 승과를 거행한 내시 정중호는 기이한 꿈을 꾸었다. 즉 신인이 나타나서 "그대는 명일에 왕자의 스승을 될 것이다."라고 하였다. 지겸은 그때 승과에 급제했다. 지겸은 만년에 스스로 '지겸至謙'이라 불렀는데, '지극한 겸손'이라는 뜻이다. 지겸은 한 문인에게 이렇게 말했다.

"나는 초라한 집에 태어나 왕자의 스승까지 되었으니, 분에 넘치는 승은을 입었다. 내가 계속 왕사 자리에 머물러 있을 필요가 있겠는가?!"

그러면서 왕사 자리도 사양했건만 최충헌은 '지겸만 한 승려가 없다'며 선사를 국사로 추천했다.

선사가 입적한 뒤 이규보李奎報가 비문을 작성했는데, 비문 마지막에 이런 내용이 있다.

"오가는 자들이여, 말을 타고 가거든 말에서 내릴지어다. 혹 부처에게 절은 하지 않을지라도 오직 이 비에만은 꼭 절을 하고 지나가라."

이렇게 지겸이 한없이 겸손함을 보였기에 불교사의 스승[국사]으로 존경받고 있다. 혹 높은 명예나 지위, 경제력을 갖추었을지라도 조금 모자란 듯 살자. 어쭙잖은 지식과 명예로 자신을 과대 포장하지 말자.

삶을 마감하면서 사람들은 무엇을 가장 애틋하게 생각할까?
돈과 명예를 얻지 못한 것을 후회하지는 않을 것이다.
'덕행을 좀 더 실천했더라면… 좀 더 사랑하며 살았더라면' 등등
자신의 삶을 좀 더 다듬지 못한 것에 대한 회한이 있을 것 같다.

큰 바위 얼굴

　　고등학교 때, 국어 책에 '큰 바위 얼굴'이라는 소설이 있었다. 1850년 너새니얼 호손이 발표한 단편 소설이다. 이 소설의 마지막이 늘 마음속에 남아 있다.

　　주인공 어니스트(Ernest)는 계곡 마을에서 살아간다. 그는 그 마을에서 태어나 자연과 함께하며, 자연의 섭리에 순응해 살고 있다. 남북전쟁 직후, 소년 어니스트는 어머니로부터 바위 언덕에 새겨진 큰 바위 얼굴을 닮은 훌륭한 인물이 탄생할 거라는 전설적인 이야기를 듣는다. 그는 평생을 한 번도 마을을 떠나지 않았다. 매일 큰 바위 얼굴을 바라보며 위대한 인물을 만나기를 고대하며 살았다.

　　세월이 흘러 큰 바위 얼굴을 닮은 사람이 왔다는 소문이 퍼

졌다. 그 사람은 돈을 많이 번 부자였다. 그런데 곧 마을 사람들은 실망했다. 성자다운 덕이 없는데다 전혀 큰 바위 얼굴을 닮지 않아서다. 이후 전쟁에서 큰 공을 세운 장군, 말을 잘하는 정치인, 글을 잘 쓰는 시인들이 마을에 나타났지만, 사람들은 고개를 저었다. 그러던 어느 날 어니스트가 사람들에게 설교를 하고 있는데, 한 시인이 그를 가리키며 "어니스트가 큰 바위 얼굴이다."라고 외쳤다. 그제야 사람들이 그를 보고서 큰 바위 얼굴이 어니스트라고 인정한다.

사람들이 수긍할 만큼 어니스트는 평생을 그곳에 사는 동안 진실하고 겸손해 사람들로부터 존경을 받았다. 그는 큰 바위 얼굴을 보며 참다운 사람으로 거듭났던 것이다. 고결함과 진지함이 어니스트를 큰 바위 얼굴로 변하게 한 거라고 생각된다.

불교를 우상의 종교라고 말하는 이들이 있다. 하지만 불교는 수행의 종교이다. 불상은 불자들이 섬기는 신이 아니라 사람으로 태어나 위대한 성자가 된 석가모니 부처님을 상징한 것이고, 불자들은 석가모니상을 롤 모델로 삼아 인격을 연마하라는 뜻이다[정각을 이루라는 뜻]. 그래서 불자들은 부처님께 복을 달라고 비는 것이 아니라 '열심히 정진하고, 타인을 위해 봉사하겠다'는 발원을 하는 것이다. 어니스트가 큰 바위 얼굴을 바라보며, 자신을 연마하고, 성찰하였듯이….

원고의 원 취지로 돌아가자. 사람들은 대체로 큰돈을 벌고,

높은 명예를 얻어야 성공한 거라고 본다. 필자도 종단 소임을 살고 있는데, 주위 사람들이 마치 출세한 것으로 보는 이들이 있다. 조금 민망한 일이다. 솔직히 필자는 그 소임에 들어가기 전에 그런 위치인지도 몰랐고, 그 자리에 있다고 특별히 마음의 변화도 없었다.

중국에서 역대로 『고승전』이 몇 차례 편찬되었다. 최초로 편찬한 혜교慧皎(497~554)는 서문에 이렇게 언급하였다.

"참되게 행동하면서도 겉으로 드러나는 빛을 감추는 사람은 고매하지만 유명하지 않다. 덕은 적으면서 시류에 맞춰 사는 사람은 유명하지만 고매하지 않다."

그러면서 혜교는 고승高僧과 명승名僧을 구별하면서 명성은 있어도 덕행이 부족한 스님은 『고승전』에 싣지 않았다고 하였다. 이 점은 후대, 선사들의 청규에도 드러난다.

"덕德 있는 스승을 장로로 삼아 방장方丈에 거주케 하는데,… 개인의 침실을 뜻하는 것이 아니다. 불전佛殿을 세우지 않고 법당法堂만을 세워, 생불生佛로 추대된 장로로 하여금 법당에서 법을 설하게 한다〔'법당'은 선종에서 쓰는 용어로, 큰스님이 법을 설하는 곳이라는 뜻〕."

곧 사람들은 유명한 인물이 아니라 덕 있는 스승을 요구했던 것이다. 다시 큰 바위 얼굴로 돌아가자. 삶을 마감하면서 사람들은 무엇을 가장 애틋하게 생각할까? 돈과 명예를 얻지 못한 것을 후회하지는 않을 것이다. '덕행을 좀 더 실천했더라면… 좀 더 사랑하며 살았더라면' 등등 자신의 삶을 좀 더 다듬지 못한 것에 대한 회한이 있을 것 같다. 지금부터라도 우리 삶에 무엇이 중요한지를 살펴보자. 그리고 각자 상황에 따라 더 이상 후회하지 않는 삶을 살아갔으면 한다.

마지막 밥 한 숟가락을 남기어라

　　노자는 인간에게 세 가지 즐거움[三樂]이 있는데, 잘 먹고[快食], 볼 일 잘 보며[快便], 잠 잘 자는 것[快眠]이라고 했다. 신체가 건강해야 마음도 건강하게 살아갈 수 있다. 요가의 가르침에 바른 삶을 위한 다섯 가지 방법이 있는데, 여기서도 첫째로 건강을 꼽고 있다. "맑은 정신을 지속되게 유지하려면 몸이 건강해야 한다. 몸을 정결히 해야 하고 배가 부를 정도로 음식을 많이 먹지 말라."고 경계하고 있다. 특히 대식이 아닌 소식을 권하고 있는 점이 눈에 띈다.

　　부처님 재세 시에 이런 일이 있었다. 인도 코살라국은 파사익왕이 다스리고 있었다. 그는 음식을 즐겨 먹는 미식가였다.

게다가 대식가로서 식사 때마다 혼자서 쌀 두 되 반가량의 식사를 했고, 반찬도 육류나 생선이 주류를 이루었다. 늘 이렇게 식사를 하다 보니, 몸이 너무 비대해져 건강에 문제가 생겨 대신들과 왕비도 매우 걱정했다.

어느 날, 파사익왕이 부처님을 만나기 위해 기원정사로 찾아갔다. 부처님께서 제자들과 사람들에게 진리를 설해 주었다. 그런데 음식을 많이 먹은 파사익왕은 식곤증으로 큰 몸집을 앞뒤로 흔들며 설법하는 내내 졸았다. 부처님께서는 이전에도 파사익왕의 이런 모습을 몇 번 보았다. 부처님께서 설법을 마친 뒤 국왕에게 말씀하셨다.

"대왕이여, 앞으로는 신하들에게 대왕의 밥을 지을 때는 한 홉씩 줄여서 음식을 하라고 명을 내리세요. 또한 대왕께서도 매 식사 때마다 양을 조금씩 줄여 보십시오. 그리고 식사 끝에도 마지막 밥 한 숟가락을 남기는 습관을 들여서 양을 줄여 나가세요."

이후 파사익왕은 조금씩 양을 줄여 나갔고, 몇 달 후에 몸이 가벼워지면서 건강이 좋아졌다. 대왕이 건강해지면서 왕궁 분위기도 좋아졌고, 아침 조회시간에도 대신들과 맑은 정신으로 국정을 논함으로써 점차 부강한 나라로 발전했다. 왕이 부처님을 찾아와 말씀드렸다.

"부처님 충고대로 식사량을 줄여 건강해졌습니다. 졸음에 시달리지 않고 맑은 정신을 유지할 수 있게 되었습니다."

이때 부처님께서 말씀하셨다.

"대왕이여,
우리가 소유한 것 가운데 건강은 최상의 큰 이익이요,
만족은 가장 큰 재산이며,
누군가를 믿고 의지함은 가장 귀한 벗이고,
열반은 가장 높은 행복입니다."

-『빨리어 법구경』# 게송 204

1950~60년대, 우리나라에 보릿고개가 있었다. 배고픈 사람이 많았던 시절, 잘 먹지 못해서 발병하는 결핵 환자도 많았다. 그러나 요즘은 배를 곯아서 건강에 이상이 온 것이 아니라 파사익왕처럼 너무 많이 먹어서 건강을 잃는 사람이 많다.

인도에서는 승려들이 정오 12시 이후로는 식사를 하지 않는 오후불식이다. 그런데 중국은 인도에 비해 저녁 해가 길고, 인도와는 다르게 농사를 짓는 숲의 문화이다. 당연히 승려들이 노동을 하는데다 저녁 해가 길어 저녁에 수행하는 데 힘들었다. 이에 승려들이 계율대로 하면 저녁 공양은 하지 않아야 하는데, 식사를 하자니 조금 민망하니까 약석藥石이라고 이름 붙여 저녁을 먹었다. 또한 수행자들이 지켜야 할 청규淸規에는 "아침에 죽을 먹어야 한다."는 것까지 명시해 두었다.

승려가 수행하기 위한 필수요건이 음식 조절이다. 소식과 관련해 음식 절제는 욕심을 줄이는 첫 번째라고 해도 과언이 아니다. 이런 마음가짐조차 무소유라고 보았다. 이런 이야기는 굳이 스님들만으로 한정되는 이야기가 아니라고 본다. 의사들이 말하는 장수 요건으로 빠지지 않는 항목이 소식이다.

어쨌든 가족과 행복하게 오래 살고 싶으면 건강해야 되고, 남들보다 큰 경제력을 갖고자 해도 건강해야 되며, 큰 명예를 얻고자 해도 건강이 필수이다. 소식으로 건강하자!

혹 나이가 많다고 좌절하지 말고 무엇이든 시도해 보자.
다음에 저기서가 아니라,
바로 여기서 지금(here now).

왜 사람은 말년에 철이 들까?!

　　필자가 조금 젊었을 때, 어른들이 이런 말씀을 많이 하셨다.

"젊을 때는 시간이 잘 안 가는 데, 나이가 들면 시간이 매우 빨리 흘러간다."

그때는 이해를 잘 못했는데, 필자가 나이 들어보니 그 말이 실감난다. 다음 이야기를 먼저 하고 그 이유를 밝히려고 한다.

19세기 덴마크 철학자 키에르케고르의 '들오리 이야기'다. 그 들오리를 편의상 '나태'라고 이름 붙이자. 지중해 해변에 살던 들오리 떼들이 추운 지역으로 이동하고 있었다. 무리들이 한참을 날아가다 어느 마을을 지나게 되었다. 그런데 이 무리

가운데 한 마리가 무심코 아래를 내려다보았다.

'나태'는 아름다운 집 정원에서 집오리들이 옹이종기 모여 모이를 먹고 있는 모습을 보았다. 정원은 꽃들로 만발해 있고, 주인이 오리들에게 먹이를 챙겨주면서 예뻐하는 모습이었다. 그 모습을 본 나태 들오리는 집오리들이 너무 부러웠다. 이렇게 생각하는 즈음, 한쪽 날개가 무척 아팠다. 그래서 잠시 쉬어 가려고 아름다운 집 정원에 내려앉았다. 들오리 한 마리가 집오리 무리 속에 끼니, 집오리들은 새 손님을 융숭하게 대접하였다. 나태는 집오리들과 어울리며 신나게 놀았다.

이렇게 수여 일을 정신없이 놀다가 문득 '이래서는 안 되겠다'고 생각하면서 야생에서 자유롭게 허공을 날던 시절이 그리워졌다. 나태는 다시 날아오르려고 날개를 퍼덕거렸지만, 살이 많이 찐데다 나는 것이 예전 같지 않았다. 나태는 '안 되겠다. 오늘만 더 놀고 내일 날아가자.'라고 생각했다. 그런데 그 다음 날은 몸이 더 무겁고 힘들어서 날 수가 없었다. 그렇게 내일, 내일을 반복하다 몇 달이 후딱 지나갔다.

어느 날 하늘에 들오리 떼들이 아름다운 수를 놓으며 날아가는 모습이 보였다. 그때서야 정신이 번쩍 난 들오리는 날아오르려고 발버둥을 쳤지만, 때는 이미 늦었다. 더 이상 날 수 없었다. 수차례 내일 내일을 반복하다 결국 초라한 삶이 된 것이다.

불교에서도 '한고조'라고 하여 들오리 이야기와 유사한 이야기가 있다. 한고조 새가 자기 집을 짓지 않고, 노는 것에 정신 팔려 지내다 결국 얼어 죽었다는 이야기다. 인생에서 성공이 어찌 쉬운 일인가? 꼭 성공이 아니더라도 무엇인가 성취할 수 있는 삶을 살기 위해서는 흥청망청해서는 이뤄지는 일이 없다. 대부분의 사람들이 어영부영 살다가 정신을 차렸을 때는 노년에 이른다. 필자 또한 그러하다.

스님들도 젊을 때는 이 공부 저 공부를 하고 지내면서 시간이 많다고 생각한다. 그러다 말년 들어 자신이 생각했던 것보다 이뤄지지 않음을 아쉬워한다. 아마 이런 점은 일반인들도 마찬가지일 것이다.

인생에서 해 놓은 것은 없고, 속절없이 나이만 드니 그 절박함에다 후회만 가중된다. 그래서 중·노년이 되었을 때 속절없이 시간이 빨리 간다고 말하는 것이 아니었을까? 삶에 대해 회한이 들기 시작하고, 인생에 철이 들면서 시간에 대한 절박함이 드는 거라고 생각된다. 그러니, 젊은이라면 새겨들어야 할 것이요, 혹 나이가 많다고 좌절하지 말고 무엇이든 시도해 보자. 다음에 저기서가 아니라, 바로 여기서 지금(here now).

나이가 들어도 분명 가치 있는 일이 있다.
나이 들어 인생을 바라보는 각도가 달라질 때,
오롯이 자신을 위한 삶이든 타인을 위한 삶이든
인생의 새 기획을 세워 보면 어떨까?

인생 이모작

일반적으로 퇴직을 하는 분들은 마음이 착잡할 것이다. 100세 시대에 한창 왕성하게 활동할 나이에 퇴임을 해야 하는 현실이다. 대체로 퇴직자들에 두 부류가 있다고 본다. 첫 번째 는 무언가 열심히 하려는 사람, 두 번째는 분노하고 억울하다 며 사회나 타인을 원망하는 사람이다.

그런데 생각해 보자. 후자인 경우, 분노하고 억울하게 생각 한다면 결국 누가 손해인가?! 우울증이 생길 수도 있고, 더 나 아가 육신의 병이 될 가능성이 크다. 그렇게 되면 자신을 비롯 해 가족까지 힘들어진다.

나이가 들어도 분명 가치 있는 일이 있다. 나이 들어 인생 을 바라보는 각도가 달라질 때, 오롯이 자신을 위한 삶이든 타인을 위한 삶이든 인생의 새 기획을 세워 보면 어떨까? 불교와 관련된 노인 한 분을 소개하고자 한다.

중국 송나라 때, '허'씨 성을 가진 노부인이 살고 있었다. 그 녀의 법명은 '법진法眞'으로, 장태사張太師와 결혼하였다. 그녀 의 나이 30세에 남편이 죽고, 홀로 자식 둘을 키웠다. 이런 역 경 속에서도 그녀는 불교를 믿으며 두 아들을 훌륭하게 키웠 다. 아들 둘이 모두 재상의 자리에 올랐다.

나이 칠십에 이르자 그녀는 공부를 해야겠다고 다짐했다. 그 러던 차에 당시 유명한 대혜종고(1089~1163)의 제자인 도겸 스 님이 집에 찾아왔다. 그녀는 스님에게 "경산에 계시는 대혜 스 님에게 수행을 지도받고 싶은데, 여기서 그곳까지 너무 멀어 찾아가 뵙지 못한다."고 말했다. 도겸은 "대혜 스님께서는 남녀 노소를 불문하고 누구에게든 '마음이 있는 자는 부처가 될 수 있다'는 법문을 하시고, 도 닦아 부처가 되기를 원하는 자에게 무자無字 화두를 참구하라고 합니다."

"어떻게 무자 화두를 참구하라고 지도하십니까?"

"한 승려가 '개에게도 불성佛性이 있는가? 없는가?'를 물었 을 때 조주 스님께서 '무'라고 하셨습니다. 바로 조주 선사께서 답하신 '무'의 참뜻을 깨치면 부처가 될 수 있습니다. 왜 '무'라 고 했는가를 간절히 의심하면 해답을 얻을 수 있습니다. 이 의 심을 놓지 말고 앞으로 밀어 붙일 뿐 왼쪽도 오른쪽도 보지 말아야 합니다."

"잘 알겠습니다. 오늘 도겸 스님을 뵙고 가르침을 받았으니, 대혜 스님을 친견한 것과 다름이 없습니다. 열심히 공부하겠습니다."

그날부터 노부인은 용맹 정진했다. 오로지 한 생각, "왜 '무'라고 했는가?"를 묻고 되물으면서 7일 밤낮을 정진하다가 한순간 깜빡 잠이 들었다. 그런데 그때 오색이 찬란한 봉황새 한 마리가 집 정원 뜰에 내려앉았다.

'아, 저 새 위에 올라앉으면 편안하겠구나.'

이 생각과 동시에 그녀는 새 등 위에 올라탔다. 그러자 봉황이 허공을 향해 날아올랐고, 잠깐 사이에 구만 리 장천에 이르렀다. 아래를 내려다보니 집들은 조그마한 점이 되어 오글거리고, 큰 강은 줄 하나 그려 놓은 것에 지나지 않았다.

'조그만 점과 같은 저 집들 속에서 서로 살겠다고 욕심을 내고, 성을 내며, 살고 있으니, … 참으로 기가 막힌 노릇이다.'

그녀는 인생살이의 참 면목을 깨달았다. 그리고 봉황새가 날아가는 대로 몸을 맡긴 채 세상의 이곳저곳을 구경한 뒤에 집으로 돌아왔다. 봉황새가 사뿐히 정원에 내려앉는 순간 그녀는 꿈에서 깨어남과 동시에 무자 화두를 깨쳤다. 그리고 다음 오도송을 읊었다.

꿈속에서 봉황을 타고 푸른 하늘에 올라보니,

비로소 인생살이가 하룻밤 여인숙에서 보낸 것임을 알았네.

돌아와 보니, 한 바탕 행복한 꿈길이네.

산새의 한 울음소리, 봄비 온 뒤 해맑더라.

夢跨飛鸞上碧處 始知身世一據廬

歸來錯認邯鄲道 山鳥一聲春雨餘

그 뒤 도겸 스님이 다시 노부인을 방문했을 때, 부인은 이 두 수의 시를 주면서 대혜 선사에게 증명해 달라고 부탁했다. 시를 본 대혜 스님은 노부인의 정각을 인가한다는 답장을 보냈다. 이렇게 나이가 많은데도 꼭 깨닫겠다는 결심만으로도 깨달음을 이룬 것이다.

필자는 10년 전 미얀마 맬라민(Malamyine)에 위치한 파옥(Pa-Auk) 센터에서 머문 적이 있다. 내가 머문 숙소 옆방에 베트남 여성 출가자(사미니는 아니지만 출가자 신분) 두 분이 있었다. 이들은 모녀지간으로 어머니는 80세가 넘었다. 어머니 샤알레이는 미얀마에 오기 전, 신장암에 걸려 의사로부터 오래 살지 못한다는 사형 선고를 받고 몇 차례 대수술까지 받았다.

수술 받고 어느 정도 회복된 뒤 그녀는 죽기 전에 수행해야겠다는 서원을 세우고, 딸과 함께 미얀마로 와서 출가해 수행하였다. 그곳은 사마타 수행을 위주로 하는데, 선정의 진척도를 스승에게 점검받는다. 그런데 그녀는 자신보다 먼저 출가한

딸보다 수행 진척이 매우 빨라 스승님을 비롯해 주변으로부터 칭찬을 받았다.

어떻게 살아야 인생을 잘 살았다고 할 수 있을까? 필자는 아직 젊은데도 인생의 멋진 회향이 뭘까(?)를 고민한다. 노년의 인생! '노년'을 슬프게만 바라보지 말자. 자식들이나 주위 사람들이 자신을 알아주지 않아도 혼자 추진할 수 있는 일에 도전해 보는 거다[다른 사람들과 늘 함께하는 것도 좋지만, 오래 지속되지 못하기 때문].

일타 스님의 외할머니도 노년에 불교를 만나서 당신도 공부하고, 친인척 출가자를 많이 배출하였다. 불자라면, 앞의 노부인들이 70·80세에 깨달은 것처럼 얼마든지 명상을 통해 새 인생을 만날 수 있다. 명상이 아니더라도 타인을 위한 봉사이든 개인적인 취미 생활이든 무언가 할 수 있는 일이 있다.

노년의 삶, 영혼이 배고프지 않을 그 무언가의 인생 이모작에 도전해 보자. 정동원 가수가 부른 '여백' 가사 내용처럼, "마지막 남은 나의 인생은 아름답게 피우리라."

고난에 쓰러지거나 억울해하면 인생에서 승리하지 못한다.
태연자약함을 배울 필요도 있다.
두려움이나 좌절, 비난을 자연스럽게 수용하자.
스쳐 지나가는 바람이라고 여기면, 금방 잠잠해질 것이다.
이 또한 무상無常하기 때문이다.

어느 구름에서 비 내릴지 모른다

　일전에 불교계 대표 신문에 기고문이 올라왔다. 그런데 그 기고문이 문제성 있는 발언으로 이슈화되더니, 이에 그치지 않고, 항의 전화에 문제가 점점 심각해졌다. 결국 글을 쓴 작가가 곤혹을 치렀고, 신문의 편집장까지 사과를 하였다. 작가 글에 문제를 삼는 것을 언론 통제라고 볼 것인지, 편집장이 미리 검토하지 못한 점이 잘못된 것인지? 여러 모로 난제이다.

　모두 피해갈 수 없는 비난이 쏟아졌다. 필자는 작가와 편집장, 두 사람을 다 알고 있다. 이런 일련의 과정을 지켜보면서 두 사람의 힘겨운 모습이 안타까웠다. 좋지 않은 일이 미리 준비했다가 일어나는 법은 없다. 복병이 언제 튀어나올지 모르는 게 인생이다. 본인이 수습하기에 해결할 수 없을 정도로 저만치 앞서갈 때도 있다. 삶이 어찌 내 뜻대로 되겠는가?! 옛 스님들의 일화에서 귀감을 삼고자 한다.

어느 늦은 날밤, 대함大含(1773~1850) 스님이 홀로 앉아 책을 보고 있었다. 이때 한 강도가 칼을 들고 들어와서 스님을 위협했다. 스님은 아무렇지도 않은 듯 태연히 쳐다봤다. 강도가 칼을 들이대자, 스님이 먼저 물었다.

"내게 목숨을 원하는가? 돈을 바라는가?"

"돈이든 무엇이든 값나가는 거를 주시오. 그러면 해치지 않겠습니다."

스님은 강도의 말이 끝나자마자, 서랍을 뒤져서 돈과 물건 가치가 있는 것은 다 가져가라고 던져 주었다.

강도는 주섬주섬 스님이 주는 대로 들고 나왔다. 그때 스님은 또 태연스럽게 말했다.

"나가면서 문을 잘 닫고 나가 주시오. 혹 악한이 또 들어올지 모르니까."

훗날 이 강도는 사람들에게 "수년간 남의 집을 들락거렸지만, 집주인이 나를 보고 놀라지 않고 너무나 태연해서 내가 더 놀랐다."는 말을 하고 다녔다.

스님들의 일화에 이런 이야기가 많이 있다. 고려 말기, 나옹혜근懶翁惠勤(1320~1376)은 40세 초반 무렵, 해주 신광사神光寺

에 머물면서 제자들을 지도하였다. 이때 홍건적이 침입해 사람들이 모두 남쪽으로 피난을 갔으나 스님은 대중을 안심시키고 평상시와 똑같이 법을 설하고 정진하였다. 하루는 적군 수십 명이 절에 들어왔으나 스님은 매우 태연자약했다. 이 모습을 보고 홍건적이 감동하여 법당에 향을 사르고 스님께 절을 하고 물러갔다. 나옹 스님은 끝까지 신광사를 떠나지 않고 절을 지켰고, 이후에도 홍건적은 사찰에 와서 사람과 물건을 해치지 않았다

또 조선시대, 부휴선수浮休善修(1543~1615)는 임진왜란이 일어났을 때 덕유산 작은 암자에 은거하고 있었다. 갑자기 왜적 수십 명이 쳐들어왔다. 왜적이 칼날을 휘두르는데도 스님은 차수叉手를 한 채 의연했다. 스님의 태연 부동한 모습에 왜적들이 오히려 절을 하고 물러갔다.

앞의 작가와 편집장처럼 '어느 구름에서 비 내릴지 모르는 게 인연'이라고 삶에 어떤 고난이 닥쳐올지 모르는 법이다. 그와 마찬가지로 고난이 오히려 삶의 굳건한 밑받침이 될 수도 있다. 고난에 쓰러지거나 억울해하면 인생에서 승리하지 못한다. 태연자약함을 배울 필요도 있다. 두려움이나 좌절, 비난을 자연스럽게 수용하자. 스쳐 지나가는 바람이라고 여기면, 금방 잠잠해질 것이다. 이 또한 무상無常하기 때문이다.

인과응보

　　코살라국 사위성에 보석을 광택 내는 직업을 가진 사람이 있었다. 이른 아침, 이 사람은 식사 준비를 위해 고기를 자르고 있는데, 코살라국의 신하가 심부름을 왔다. 신하는 루비(보석) 하나를 건네면서 즉시 광택을 내어 달라는 왕의 지시를 전달했다. 남자는 고기 묻은 손으로 보석을 받아 탁자 위에 올려놓고 하던 일을 계속했다. 그런데 그 집의 거위가 루비를 고깃덩이로 착각하고 삼켜버렸다.

　　마침 이때 텃사 아라한이 그 집으로 탁발을 왔는데, 거위가 루비를 집어 삼키는 순간을 목격했다. 남자는 손을 씻고 돌아와 루비를 찾았으나 보이지 않았다. 아내와 아들, 아라한에게 물었으나 모른다는 답변이었다. 남자는 아라한이 훔쳐갔을 거라고 단정하고, 아내에게 말했다.

"루비가 왕의 것인데, 분실되었다고 하면, 나는 극형을 면치 못할 것이오. 아무래도 저 아라한이 훔쳐간 것 같으니, 스님을 고문해서라도 자백 받아야겠소."

그러자 아내가 깜짝 놀라며 남편을 말렸다.

"팃사 스님은 지난 12년 동안 우리 집으로 탁발 오실 때마다 우리에게 좋은 가르침을 주셨습니다. 스님께 은덕을 많이 입었는데, 설령 우리가 국왕의 극형을 받더라도 어찌 스님께 죄를 덮어씌운단 말입니까?"

마음이 급한 남편은 아내의 충고를 받아들이지 않고 스님을 밧줄로 꽁꽁 묶고 작대기로 마구 두들겨 팼다. 이때 거위가 이들 옆으로 다가왔는데, 화가 나 있던 남자가 거위를 발로 걸어 차는 바람에 거위가 즉사하고 말았다. 그때 스님이 "거위가 죽었는지 살았는지 확인해 보라."고 하였다. 아내가 거위가 죽었다고 하자, 스님은 "거위가 루비를 삼켰소."라고 그때서야 실토했다. 그 말에 남편이 칼로 거위 배를 갈라 보니, 과연 뱃속에 루비가 있었다. 남자는 스님에게 결례를 범한 것에 용서를 빌자, 스님은 아무런 일도 없었다는 듯 일어나 처음의 자리로 돌아가 탁발하는 자세로 서 있었다. 그리고 스님께서 말했다.

"이 일은 그대의 잘못도 아니고, 내 잘못도 아니오. 이번 일은 당신과 내가 과거 생에 지은 행위의 결과일 뿐이오. 우리는 생사윤회 속에서 이런 빚 갚음을 수도 없이 주고받았던 것이

오. 나는 조금도 당신을 원망하지 않소."

아라한은 매 맞은 후유증으로 며칠 후 열반에 들었다. 비구들이 부처님께 팃사 비구에 대해 묻자, 부처님께서 말씀하셨다.

"거위는 죽어서 그 집의 아들로 태어났고, 남자는 죽어서 지옥에 태어났다. 아내는 죽어서 천상에 태어났고, 팃사는 이미 아라한 성자로서 열반을 실현했느니라."

요즘 조류 인플루엔자로 수많은 가축들이 살처분되는 것을 접하면서 팃사 아라한이 함께 오버랩되었다. 수만 마리 오리는 흰색 복장에 마스크 쓴 아저씨가 같은 종족인 줄 알고 졸졸 따르다 그대로 흙더미에 묻히고, 인공수정으로 돼지를 만들었다가 얼마 뒤에 위험인자로 낙인 찍어 땅에 묻어버린다. 영문도 모른 채 삶을 달리한 가축 입장에서 얼마나 억울하겠는가?

생명을 살상해서라도 인간의 삶을 윤택케 하려 함은 인간의 오만이요, 만용이다. 무자비한 살처분은 인간에게 닥칠 위험에 대한 두려움이 전제되어 있는 것이다. 그 두려움이란 인간이 강한 것처럼 보이지만 내면의 나약함을 감추기 위한 불합리성의 한 단면이다. 불교계도 시대에 맞춰 신문지상 기사나 포럼이 개최되고 있다. 어느 포럼에 참석한 적이 있는데, 뭔지 모를 허전한 느낌이다. 그게 뭘까?

가축들의 살처분에 대한 불교적 대안이 일반 단체에서 주장하는 것과 별반 다르지 않다는 점이다. 포럼이나 세미나는 소 잃고 외양간 고치는 격으로 뒷북치는 공허한 메아리에 불과하다. 그래도 이런 자리를 통해 생명의식을 자각한다는 점에서는 고무적인 일이다. 글쎄⋯ 불교적 대안으로 필자에게 내놓으라고 한다면 인과설을 말하고 싶다.

텃사 아라한이 매를 맞으면서도 실토하지 않은 것은 생명을 존중한 점도 있고, 더 나아가 인과의 행위로 다시 (윤회하는) 업을 짓지 않으려는 지혜가 담겨 있다. 빠알리 소부경전에는 인과 법문이 주를 이룰 정도이다. 한국 불교가 깨달음을 강조하다 보니, 인과설因果說이 묻히는 경향이 있다.

가축 살상에 있어 업과 관련한 인과설을 부각시킨다면 어떨까? 물론 종교적인 성향이 강하지만, 이는 단순히 일회성의 진리가 아니라고 본다. 그러다 보면 가축을 살상할지라도 생명의 귀중함을 생각하게 될 것이요, 더 나아가 육식을 점점 줄이고 채식이 일상화되지 않을까?

살다보면 살아진다

초판 1쇄 인쇄 | 2021년 4월 12일
초판 1쇄 발행 | 2021년 4월 15일

지은이 | 정운

펴낸이 | 윤재승
펴낸곳 | 민족사

주간 | 사기순
기획편집팀 | 사기순, 최윤영
영업관리팀 | 김세정

출판등록 | 1980년 5월 9일 제1-149호
주소 | 서울 종로구 삼봉로 81 두산위브파빌리온 1131호
전화 | 02)732-2403, 2404 팩스 | 02)739-7565
홈페이지 | www.minjoksa.org
페이스북 | www.facebook.com/minjoksa
이메일 | minjoksabook@naver.com

ISBN 979-11-89269-83-8 03220